让每一位学生向美而行

顾霁昀◎著

上海市香山中学育人模式的探索与实践

华东师范大学出版社

·上海·

图书在版编目（CIP）数据

让每一位学生向美而行：上海市香山中学育人模式的探索与实践/顾霁昀著.—上海：华东师范大学出版社，2021

ISBN 978 - 7 - 5760 - 1549 - 2

Ⅰ.①让…　Ⅱ.①顾…　Ⅲ.①美育－教学研究－中学
Ⅳ.①G633.950.2

中国版本图书馆 CIP 数据核字（2021）第 070420 号

让每一位学生向美而行

上海市香山中学育人模式的探索与实践

著　　者　顾霁昀
责任编辑　彭呈军
特约编辑　陈成江
责任校对　樊　慧　时东明
装帧设计　卢晓红

出版发行　华东师范大学出版社
社　　址　上海市中山北路 3663 号　邮编 200062
网　　址　www.ecnupress.com.cn
电　　话　021 - 60821666　行政传真 021 - 62572105
客服电话　021 - 62865537　门市（邮购）电话 021 - 62869887
地　　址　上海市中山北路 3663 号华东师范大学校内先锋路口
网　　店　http://hdsdcbs.tmall.com

印 刷 者　常熟市文化印刷有限公司
开　　本　787×1092　16 开
印　　张　17.5
字　　数　229 千字
版　　次　2021 年 6 月第 1 版
印　　次　2021 年 6 月第 1 次
书　　号　ISBN 978 - 7 - 5760 - 1549 - 2
定　　价　68.00 元

出 版 人　王　焰

序　言

以美育人的实践创新

中国特色社会主义建设进入新时代，人民群众对美好生活的向往与发展不平衡不充分之间的矛盾构成了新时代的主要特征。"对美好生活的向往"需要美的启蒙、需要美的教育、需要学校美育的引领。认真品读了上海香山中学顾霁昀校长的《让每一位学生向美而行》书稿，体会颇深。香山中学在美育方面的探索实践，为当下学校以美育为突破口，实现五育融合，促进学生全面发展提供了典型示范。

德国哲学家席勒在《审美教育书简》（译林出版社 2012 年 7 月版）中对美育有较为充分的论述。在席勒看来，美育是沟通理性和感性的中介和桥梁，以发展敏锐感知、丰富情感与想象力等感性能力而提升人格。在我国，美育也有广义与狭义之分，所谓广义的美育就是"将美学思想渗透于各科教学后形成的教育"；所谓狭义的美育，一是认为专指"艺术教育"，二是认为美育就是指"美感教育"、"审美教育"或"审美观和美学素养教育"等。无论如何界定美育，人们普遍认为美育对人的全面发展、对德育智育体育劳动教育等各方面都有着重要而积极的影响。中学阶段是学生价值观形成、个性发展的关键时期，美育对发展学生核心素养和培养创新人才具有特殊的现实意义。

香山中学建校二十多年来，从最初"以美术抓突破"的项目特色，逐步实现了从美术教学到"以美立校、立美育人"的学校特色。他们从美术特色上升到美育特色，从美育特色提升为特色学校，从培养学生掌握绘画的一技之长到培养全面发展特色人才，已经走上了具有自身办学个性且充满希望的美育之路。全书分上中下三编，并以"美育课程培育美的创造力、美育教学突出美的吸引力、美育教师彰显美的凝聚力、美育管理提升美的整合力、美育资源汇聚美的引领力、美育活动积累美的鉴赏力、美育内涵拓宽美的延展力、美育科创挖掘美的表现力、美育成果传播美的感染力"等"九力"，给我们展现了香山中学的美育实践。从中可以看出，香山中学已初步建构了美育特色教育体系，把培育和践行社会主义核心价值观融入学校美育全过程，很好地彰显了大美育观，以五育并举为指引加强美育的渗透与融合，将美育融入教育全过程，以美养德、以美启智、以美健体，并全面发展素质教育。在香山中学，"以美育人"已经成为了全校师生共同的追求。

全书的结构是美的，书中的内容也是美的，更为重要的是，他们"以美育人"的实践创新精神是美的。衷心希望香山中学依托上海市美育特色高中的平台，进一步坚定"以美育人"办学追求，继续深入思考并勇于实践，在美育特色发展的创新路上，砥砺奋进，向美而行，再创佳绩。

（教育部中学校长培训中心主任、教授）

发展、对德育智育体育劳动教育等各方面都有着重要而积极的影响。中学阶段是学生价值观形成、个性发展的关键时期,美育对发展学生核心素养和培养创新人才具有特殊的现实意义。

香山中学建校二十多年来,从最初"以美术抓突破"的项目特色,逐步实现了从美术教学到"以美立校、立美育人"的学校特色。他们从美术特色上升到美育特色,从美育特色提升为特色学校,从培养学生掌握绘画的一技之长到培养全面发展特色人才,已经走上了具有自身办学个性且充满希望的美育之路。全书分上中下三编,并以"美育课程培育美的创造力、美育教学突出美的吸引力、美育教师彰显美的凝聚力、美育管理提升美的整合力、美育资源汇聚美的引领力、美育活动积累美的鉴赏力、美育内涵拓宽美的延展力、美育科创挖掘美的表现力、美育成果传播美的感染力"等"九力",给我们展现了香山中学的美育实践。从中可以看出,香山中学已初步建构了美育特色教育体系,把培育和践行社会主义核心价值观融入学校美育全过程,很好地彰显了大美育观,以五育并举为指引加强美育的渗透与融合,将美育融入教育全过程,以美养德、以美启智、以美健体,并全面发展素质教育。在香山中学,"以美育人"已经成为了全校师生共同的追求。

全书的结构是美的,书中的内容也是美的,更为重要的是,他们"以美育人"的实践创新精神是美的。衷心希望香山中学依托上海市美育特色高中的平台,进一步坚定"以美育人"办学追求,继续深入思考并勇于实践,在美育特色发展的创新路上,砥砺奋进,向美而行,再创佳绩。

(教育部中学校长培训中心主任、教授)

目 录　c o n t e n t s

/ 导　言 /

美的现实起点　　　　　　　　　　　　　　_001

/ 第一章 /

美育的历史生成　　　　　　　　　　　　_003

　　第一节　美育传承　　　　　　　　　_004

　　第二节　美育建设　　　　　　　　　_007

　　第三节　美育环境　　　　　　　　　_010

/ 第二章 /

美育的价值维度　　　　　　　　　　　　_013

　　第一节　美育目标　　　　　　　　　_014

　　第二节　美育规划　　　　　　　　　_019

上编

课程为本，树立美育根基

/ 第三章 /

美育课程培育美的创造力 _025

第一节　美育课程的顶层设计　_026

第二节　美育课程的内容结构　_038

第三节　美育课程的实施成效　_051

第四节　美育课程的案例解析　_058

/ 第四章 /

美育教学突出美的吸引力 _069

第一节　教学思维增强美育效能 _070

第二节　教学方法催化美育动力 _077

第三节　教学评价推动美育质量 _086

/ 第五章 /

美育教师彰显美的凝聚力 _097

第一节　师德建设培养教师自身

　　　　品格　_098

第二节 教研活动提升教师教学
能力 _100
第三节 主题学习优化教师审美
能力 _105

中编

资源聚焦，丰富美育渠道

/ 第六章 /

美育管理提升美的整合力 _111

第一节 转变观念重塑美育管理
环境 _112
第二节 加快改革推进美育管理
升级 _115
第三节 制度建设完善美育管理
机能 _122

/ 第七章 /

美育资源汇聚美的引领力 _127

第一节 专家资源打造美育智库 _128
第二节 家长资源融汇美育网络 _131

第三节　社会资源深化美育内涵 _155

第四节　校友资源开拓美育平台 _161

| 第八章 |

美育活动积累美的鉴赏力 _165

第一节　跨文化交流促进美育
　　　　合作 _166

第二节　博物馆研学增进美育
　　　　视野 _169

第三节　特色社团打造美育共
　　　　同体 _174

第四节　学校美育活动升级美育
　　　　质量 _177

下编

美美与共，书写美育未来

| 第九章 |

美育内涵拓宽美的延展力 _185

第一节　主题教育表现师生
　　　　实践美 _186

第二节　五美评价弘扬师生
　　　　人格美 _209
第三节　依法治校展现校园
　　　　公正美 _215

/ 第十章 /
美育科创挖掘美的表现力 _231

第一节　美育课题研究带动教研
　　　　能力 _232
第二节　美育学科渗透发展教学
　　　　活力 _237
第三节　美育技术蜕变驱动育人
　　　　张力 _247

/ 第十一章 /
美育成果传播美的感染力 _251

第一节　艺术交流突破文化场域 _252
第二节　美育影响辐射上海本地 _256
第三节　美育建设成果同行分享 _262

附：各章章名页图画作者与作品名 _266

/ 导　言 /
美的现实起点

　　美育，是指培养学生认识美、爱好美和创造美的能力的教育，也称美感教育或审美教育。审美是一个人对具有美感的自然或人造审美对象进行感知、享受、判断和评价的行为过程。而帮助人们形成这样一种行为能力的教育则是审美教育，即美育。苏霍姆林斯基说："美育最重要的任务是，教给儿童通过周围世界的美、人的关系的美而看到精神的高尚、善良和诚挚，并在此基础上确立自己的美的品质。"

| 第一章 |
美育的历史生成

　　香山中学以"美育"定位学校特色创建，坚持"以美立校，立美育人"的办学理念和"敬贤、尚美、乐学、笃行"的育人目标。积极构建以学生学习为中心，融学习内容、学习方式、设施设备为一体的现代化学习空间，持续投入，更新设备，努力完善美育特色的学习环境建设，不断提升"立美育人"的环境品质。

第一节　美育传承

（一）美育溯源

美育，是指培养学生认识美、爱好美和创造美的能力的教育，也称美感教育或审美教育。审美是一个人对具有美感的自然或人造审美对象进行感知、享受、判断和评价的行为过程，而帮助人们形成这样一种行为能力的教育则是审美教育，即美育。苏霍姆林斯基说："美育最重要的任务是，教给儿童通过周围世界的美、人的关系的美而看到精神的高尚、善良和诚挚，并在此基础上确立自己的美的品质。"

审美行为是人类的一种基本精神行为，有着悠久的历史。与之相适应，审美教育同样有着悠久的历史，只是在不同的时代和地域有着不同的形态和方式。

中华民族自古便把美作为生活的重要组成部分，几千年来，我们的先人从不吝啬于对美的发现、认同、感悟和表达。追溯历史，中华民族的美育行为俯拾皆是，起源于《诗经》的"温柔敦厚"的诗教是美育，恭俭庄敬的礼教是美育，广博易良的乐教也是美育，所以，孔子认为"兴于诗，立于礼，成于乐"是君子人格养成的方法。可见，在中国人的文化基因中，美育之于人格养成和生命成长不可或缺。荀子是我国战国时代的著名思想家,他从"学以成人"理论出发,认为任由人的本性发展会产生罪恶,人只有不断学习才能脱离小人状态达到圣人境界。他强调"学以成人",即把人培养成一个对社会有用、有德和有美的君子,因此成就人的过程本身就是一个建立在德育基础上的美育过程。荀子提出了三大美育思想:即以全面的学习和实践为美育途径,以"礼""乐"和"言"的修养为美育手段,以培养理想人格为美育目标。这三大美育思想至今有着积极的启示意义。

正式的美育思想是由 18 世纪德国哲学家席勒提出的。受席勒美育思想的影响,中国近代一些思想家如王国维、蔡元培、鲁迅等,都认识到了美育的重要性,极力倡导美育。王国维在 1906 年发表的《论教育之宗旨》中指出,"独美之为物,使人忘一己之利害而入高尚纯洁之域,此最纯粹之快乐也"。蔡元培先生说:"我们提倡美育,便是使人能在音乐雕刻、绘画文学里又找到他们遗失了的情感。"蔡元培先生不仅提出了"以美育代宗教"的观点,更是主张国民教育、实利主义教育、公民道德教育、世界观教育和美感教育"五育并举"。1949 年之后,我国也一直在努力倡导美育,并屡次将美育列入国家教育方针之中。

(二) 美育发展

随着时代的发展与社会的进步,在"德、智、体、美、劳"五育并举、日益强化"立德树人"的今天,学校在提高升学率、传授学科知识技能的同时,更应该思考学校教育、学科教学能为社会培养怎样的人;怎样去培养人;怎样的教育目标比升学率更重要;什么内容比学科知识技能的传授、接受、运用更重要;怎样的培养才能让学生走得更远、走得更好;怎样的课程建构、怎样的教学设计与实施才能让学生成为有知识、有技术、有文化、有理想、有思想、有责任、有创意、有使命担当的能够促进社会发展的合格人才等问题。

新时期,党和国家高度重视美育工作。习近平总书记在 2018 年全国教育大会上强调,要全面加强和改进学校美育,坚持以美育人、以文化人,提高学生审美和人文素养。

2018 年 5 月 7 日,教育部部长陈宝生在《光明日报》撰文《做好新时代学校美育工作》,提出"教育系统要行动起来,广泛动员、深入宣传,进一步提高全党全社会对学校美育地位、功能、价值的认识,拿出重视、关心、支持美育的真招实招"。

习近平主席在给中央美术学院 8 位老教授的回信中写道:"美术教育是美育教育的主要组成部分,对塑造美好心灵起着重要的作用……做好美育工作,要坚持立德树人,扎根时代生活,遵循美育特点,弘扬中华美育精神,让祖国青年一代身心都健康成长。"

在新的时代背景下,学校也应对学校美育的概念、范畴、作用等进行重新审视,学会正确把握学校美育教育的内涵、规律、作用。

然而,目前就学校的美育教育而言,对美育的概念、范畴、作用……还缺乏清晰认识,诸多问题亟待厘清。譬如,美育是否就是指美术、音乐等课程;是否只有美术教师与音乐教师才是美育工作者;美育是否仅代表着学会一门艺术技能;美育如何避免走入急功近利的误区;如何架构大美育的思想体系和课程体系;新时期,学校美育工作如何将传统文化之美、学科文化之美与社会主义核心价值观相融合,为培养学生的核心素养助力等问题依然困扰着教育工作者。

为此,在新时期教育精神的召唤下,香山中学"以美治校,立美育人"的美育教育志当更上一层楼、更好地做到传承发展。

第二节　美育建设

（一）我国美育建设的现存问题

在新的时代背景下，一些以美育作为学校办学特色的中小学如南京市石鼓路小学、江苏省丹阳市访仙中心小学等，获得了社会的广泛好评。南京市石鼓路小学从 20 世纪 80 年代开始，先后历经三轮相关实验和研究，"八五"期间提出"构建立美教育模式"，"九五"期间提出了"构建立美教育的课堂教学模式"，形成了"一心双线五环"的宝贵经验，即立美为核心，认知和情感线索为主线，唤起、感知、理解、掌握、反馈为五个基本环节。"十五"期间又实施了"立美教育的课堂教学过程及效益的研究"，依托"儿童化的教学组织、情境化的课堂教学、多样化的课堂练习、审美化的教学评价、生命化的教学环节"五个途径来提高立美课堂教学效益。

综合当前中小学美育实践的相关研究成果，我们认为当前中小学美育存在着以下几个主要问题：

一是狭窄性问题。实现美育的途径具有一定的狭窄性，还没有实现美育与课程广泛而有效的渗透与整合。

二是对立性问题。体现在审美与认知相对立，美育活动过分强调"美"的体验，忽视教师自身在美育活动中的引导作用，导致学生对学习内容的理解停留在表面，美育缺少深度。

三是低效性问题。体现在美育整体水平不高。纵向看我国中小学各级各类的美育实践已有多年，取得了不少成绩，但横向看无疑是低效的，美育不及德育有力，不及体育有形，不及智育有效，整体水平不高，普遍缺乏令人称道的业绩。

四是局限性问题。体现在学校美育资源相对缺乏。如缺乏课程,缺乏师资、缺乏环境、缺乏制度等。已有的美育实践相关研究成果,侧重学科课堂教学研究,类似美术学科特色,或是学校美育特色等,还没有真正从特色课程体系的构建与实施中切入,并有序开展系统的实践研究,全面落实学校美育特色的创建。

(二)香山中学的美育实践

上海市香山中学创建于 1995 年,是一所普通完中。2010 年 6 月被命名为浦东新区实验性示范性高中;2009 年至今保持着上海市文明单位称号;2012 年被列为首批上海市特色普通高中建设项目学校。多年来,学校始终坚持"以美立校立美育人"的办学理念,围绕"敬贤、尚美、乐学、笃行"的育人目标,持续推进特色办学实践工作,不断提升特色育人品质。

多年来,学校"美育"特色办学效果显著。牵头成立并引领了上海市跨区县美术教学联盟,以自身的专业力量和特色声誉引领着中小学美术书画教学;作为"美育教学研究示范基地""中国美术教育数字美术教育研究中心实验基地""中国教育学会科创教育联盟实践基地"……学校先后承办了"长三角美术教学现场交流会"等上海诸多市内外活动,为培养美育人才奠定了扎实的基础。

学校办学质量稳健发展。为央美、国美等高校输送了大批优秀人才,以扎实的美术专业功底和深厚的文化涵养、情怀,助力学生梦圆高考。学校 2019 届高三美术高考专业成绩再创佳绩。学生在各级各类美术、书画、征文、艺术绘画、朗诵、图文创作、合唱、课本剧、影视、体育等各方面喜获殊荣,硕果累累,受到社会各界的广泛赞誉。

学校认为,高中阶段教育是学生个性形成、自主发展的关键时期,对提高学生素质和培养创新人才具有特殊的现实意义。特色学校建设不仅要全面提高学生的综合素质，还要满足学生个性化、多样化的发展需求，满足学生自主发展需要，为学生提供更加优质、可选择的教育。香山中学以"美育"定位学校特色创建，香山人始终不忘初心，砥砺前行。美育发展并非一蹴而就，而是需要一代代教育工作者不断地发展传承。香山中学以美术课程为基础，不断拓宽美育的发展内涵，在新的实践场域不断挖掘出新的美育价值。

香山特色发展历程大体经过了三个阶段：

第一，建校初期的"美之术"阶段。建校初期，学校根据当时的生源情况，为了尽快确立其社会知名度，根据"错位发展"的原则，开始强化美术学科的建设，试图通过"以美术抓应试"的途径，培养美术特长学生，打开一条学生升学的"捷径"。几经努力，取得了很大的成效——"进香山、学美术、考大学"的口碑就是经由当年的努力而形成的。美术学科的特色确立，帮助学校明晰了发展方向。

第二，稳步发展的"美之韵"阶段。经历了办学之初的种种艰难，在"以美术抓应试"初显成效的同时，学校发现：美术教育，不应该仅仅是"术"的教育，对学生实施"美"的教育更具有大的意义和价值。为此2006年，在争创"区实验性示范性高中"之初，学校提出了"立美教育"的理念，确立了"丰富以美术为核心的美育课程，强化美育的育人功能，丰富学生的审美体验，开阔其人文视野；充分挖掘和开拓大艺术课程，着力提升学生审美和人文素养"的新目标。这一阶段学校不仅从"以美术抓应试"的窠臼中走了出来，而且初步形成了富有"以美立校"特征的课程体系，转变了师生的观念，在同类学校中较早地树立起了"美育"在学校中的地位，形成了比较完整的办学经验。2010年，在"区实验性示范性高中评审"时，受到专家的一致肯定与好评。这一特色项目的有效推进，为学校的优质发展夯实了基础，铆足了底气。

第三，创建特色的"美之魂"阶段。随着"美之韵"的不断丰厚，我们的认识也逐渐深入，视野也更加宽阔。于是，以"全面创建美育特色学校"为办学追求的目标也逐步成为大家的共识，从"美之韵"向"美之魂"发展成为了众望所归。为此，2012年学校提出了"建立初步特色教育体系，彰显大美育观，加强美育的渗透与融合"的任务目标，将美育融入教育全过程，以美养德、以美启智、以美健体，全面推进综合素质教育"正成为全校师生共同的价值追求。美育特色的确立，引领香山人向着更高阶迈进。

而今，为了解决学校在美育课程发展中遇到的问题，我们又提出了"基于美育课程体系的特色学校建设研究"，拟以建设美育特色课程群为主线，围绕相关的问题开展实践探索与经验总结。

第三节　美育环境

学校以"美育"定位学校特色创建，坚持"以美立校，立美育人"的办学理念，以及"敬贤、尚美、乐学、笃行"的育人目标。积极构建以学生学习为中心，融学习内容、学习方式、设施设备为一体的现代化学习空间，持续投入，更新设备，努力完善美育特色的学习环境建设，不断提升"立美育人"的环境品质。

学校根据自身的校情实际，充分发挥其优势，传承香山办学特色，形成了一系列管理运行机制，营造了和谐发展、奋发向上的文化氛围，促进了学校各项工作的全面、健康开展。尤其是2019年，学校经过研究，创新机制，变革管理，充分发挥"香山美育教学研究基地"的功能。在"以美立校，立美育人"办学理念的指导下，严格落实习总书记"美术教育是美育重要组成部分"的指示精神，借力"美育教学研究示范基地"铜牌授予的契机，创新机制，以统整而有效为原则，变革管理，创新管理组织架构。以全新的"1＋3"为架构组织开展工作，进一步定位聚焦实践和研究的功能其中，实践主要包括：美术教学的质量监控，美术教师的专业培养，美术专业活动的组织开展、课程教学的跨学科融合及主题整合、非美术学科特色教师的培养、美育特色课程的组织落实等；研究主要包含：新时代美术教学的变革、美育学科渗透的研究、美术特长生培养的研究、美育特色教师的培养、美育活动实效性的研究等。

人力资源的支撑。以 46 人的覆盖全学科的香山特色教师团队为主体，以34 人的领军人才团队为辅，其成员包括高校专家教授、特级教师、资深美育特色领军专家、相关行业的精英等，培训、带教、育养学校有潜质的特色教师。学校管理、美术学科、文化学科三大类领军人才发展导师团分别对应特色教师的培养与发展，实现了全学科的覆盖，为香山美育教学研究中心的"聚焦实践和研究"提供了软实力保障，也为美育特色教师指明发展方向——即"有理想、责任、魅力和情怀"。

由此可见，学校重视物质资源建设，正是顺应了特色创建与学校特色可持续、高品质发展的需要。

| 第二章 |
美育的价值维度

　　美术教育旨在引导人们在艺术实践中认识美、发现美、创造美、追求美,提高其审美水平、培养其审美能力;引导人们重体验、动真情、触心灵,陶冶其高尚情操、塑造其美好心灵;引导人们善观察、爱想象、勤动手,培育其创新精神、激发其创造活力。美术教育对弘扬中华美育精神具有不可替代的重要作用。全国教育大会上更是就学校美育工作提出了具体要求:要全面加强和改进学校美育,坚持以美育人、以文化人,提高学生审美和人文素养。

第一节　美育目标

（一）办学理念

习近平总书记指出，"美术教育是美育的重要组成部分，对塑造美好心灵具有重要作用"。美术教育旨在引导人们在艺术实践中认识美、发现美、创造美、追求美，提高其审美水平、培养其审美能力；引导人们重体验、动真情、触心灵，陶冶其高尚情操、塑造其美好心灵；引导人们善观察、爱想象、勤动手，培育其创新精神、激发其创造活力。美术教育对弘扬中华美育精神具有不可替代的重要作用。全国教育大会上更是就学校美育工作提出了具体要求：要全面加强和改进学校美育，坚持以美育人、以文化人，提高学生审美和人文素养。

美育，又称审美教育，或美感教育。即通过培养人们认识美、体验美、感受美、欣赏美和创造美的能力，使之具有美的理想、美的情操、美的品格和美的素养的教育过程。

狭义的美育，一是极端的定义认为美育专指"艺术教育"；二是一般的定义认为美育指"美感教育""审美教育"或"审美观和美学素养教育"等。

广义的美育，认为"真正的美育是将美学思想渗透于各科教学后形成的教育"。

本书涉及的"美育"是从先期的狭义概念走向后期的广义概念的同时,实现由形式美育走向实质美育,即以培养对象的审美素养(如认识美、体验美、感受美、欣赏美和创造美的能力等)为目标的"形式美育",走向提升学生美学趣味和审美境界的"实质美育"。

香山中学在创建过程中,不断地梳理学校办学理念凝练的脉络,将办学理念统一确立为:以美立校,立美育人。紧紧围绕"立德树人",厘清办学理念的育人价值。其主要内涵包括三层含义:

第一,以美立校,确立美育为香山中学的学校特质。按照美育的规律来建设学校,将美育深深地扎根于学校文化之中。建立适合学生发展的美育机制,以美术特色教育为基础,将美育全方位融入教育教学,探索以美养德、以美启智、以美健体的有效路径,将美育作为人的自我塑造和自我实现的基本形式和基本表现,充分实现人与自我、人与他人、人与社会、人与自然和谐统一,形成"美美与共"的美育特质。

第二,立美育人,促进学生全面健康发展。确立了美育的本质内涵,科学而有创造性地突显出教育过程本身之美。以美的语言互动,以美的行为感染,以美的情境激发,以美的课堂启迪,以美的实践创新,实现"美之术—美之学—美之育"的一体化。帮助学生从情感体验升华到审美愉悦的境界,提高其体验美、探究美、创造美的能力,从而完善学生人格,促进学生整体素质全面发展。

第三,"以美立校,立美育人"是一个整体。"以美立校",主要指建设一所怎样的学校,实施怎样的教育;而"立美育人"则是指育怎么样的人,这里的"立美育人"就是"立德树人"与香山中学特色办学相融合的表述。

"以美立校,立美育人"的办学理念其本质就是手段与目的的统一,是办学目标与育人目标的统一,两者统一于香山中学的美育特色。即营造"以美立校,立美育人"的文化氛围,重视师生对美的内在需求,促使师生在精神层面与美育精神相一致,形成更高阶的素养和能力,促进和谐、进取的学校美育文化建设。在未来三年,学校将不断探索美育特色办学实践的规律与经验,进一步深化办学理念的内涵。

(二)"一个主旨,三层内涵"

香山中学以此为契机,进一步梳理"以美立校,立美育人"办学理念凝练的脉络,聚焦于"一个主旨,三层内涵":

"一个主旨"就是:落实习近平总书记在回中央美术学院老教授的信中明确指出的,"美术教育是美育的重要组成部分,对塑造美好心灵具有重要作用"。创建好美育特色,弘扬中华美育精神,让祖国青年一代身心都健康成长。

"三层内涵"就是:

第一,香山美术教育是学校美育发展的重要组成部分,对塑造学生美好心灵起到了重要作用。

确立以美术为核心的美育特色发展,"以美立校,立美育人"是一个有机整体。"以美立校",主要指建设一所怎样的学校,实施怎样的教育;而"立美育人"则是指育怎么样的人,这里的"立美育人"就是"立德树人"与香山中学特色办学相融合的表述。"以美立校,立美育人"的办学理念其本质就是手段与目的的统一,是办学目标与育人目标的统一,两者统一于香山中学的美育特色。即营造"以美立校,立美育人"的文化氛围,重视师生对美的内在需求,促使师生在精神层面与美育精神相一致,形成更高阶的素养和能力,促进和谐、进取的学校美育文化建设。

第二,香山美育以"五育并举"为指导,促进学生全面健康发展。

立美育人以"五育并举"为引领,促进学生全面健康发展。确立了美育的本质内涵,科学而有创造性地突显出教育过程本身之美。以美的语言互动,以美的行为感染,以美的情境激发,以美的课堂启迪,以美的实践创新,实现"美之术—美之学—美之育"的一体化,帮助学生从情感体验升华到审美愉悦的境界,提高其体验美、探究美、创造美的能力,从而完善学生人格,促进学生整体素质全面发展。

第三,香山美育特色以转变育人方式为指引,弘扬中华美育精神。

以美立校,确立美育为香山中学的学校特质。按照美育的规律来建设学校,将美育深深地扎根于学校文化之中。转变育人方式,建立适合学生发展的美育机制,以美术学科教育为基础,将美育全方位融入教育教学,探索以美养德、以美启智、以美健体的有效路径,将美育作为人的自我塑造和自我实现的基本形式和基本表现,充分实现人与自我、人与他人、人与社会、人与自然和谐统一,形成"美美与共"的美育特质。

(三) 聚焦"五育并举",深化育人目标内涵

香山中学立美育人,以"五育并举"为根本指导,对照中国学生发展六大核心素养(如图 2‑1),进一步诠释上海市香山中学"敬贤、尚美、乐学、笃行"的育人目标的内涵:

敬贤:引导学生择善而从,见贤思齐,追寻真善美"知行合一"的境界,使之能遵循科学规律,敬畏自然,关切人类的生存。涵养其内在精神,使之在人类优秀的智慧成果中尊重美,力求至真至善至美的和谐统一。

尚美:引领学生在知识与理性的求真中向美而行,在生存实践过程中达到真与善的统一,在人类人文领域的成果中不断净化思想,美化心灵,进而懂得尊重艺术的多样性,世界多元文化的差异性,逐步学会发现美、欣赏美。

乐学：激发学生浓厚的学习兴趣，养成勤于反思、思维缜密的学习习惯，使之学有所悟，学有所乐，学有所成，在善学进取中体验美，在求真、向善、至美的文化积淀中探究美、实践美。

笃行：充分发掘学生的自身潜力，培养学生解决问题的兴趣，适应挑战的创新意识，让追求美成为其人生的旨趣，让表现美成为其生活习惯，进而在习得人文、科学领域的知识的同时，学会创造美、升华美。

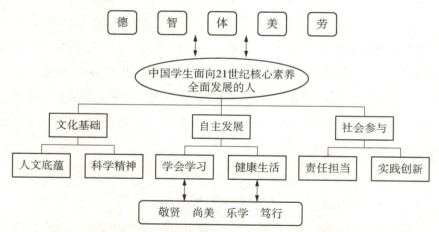

图 2-1 "五育并举"指导下香山"育人目标"与核心素养对照图

（四）上海市香山中学学生特色发展分层育人成长目标（高中）

年级	分 目 标	
	德育目标	专业发展目标
高一	规范学生品行，遵守社会公德，懂得文明的生活和交往礼仪。培养学生的自律意识，增强学生的集体观念，使学生努力适应高中生活。	掌握美术基础知识和基础绘画技能（素描、色彩、设计、速写），在一定程度上了解中外美术史，激发学生对专业美术的兴趣爱好，能学有所乐，学有所悟。

续 表

年级	分 目 标	
	德育目标	专业发展目标
高二	进行理想成才与学习态度的教育,加强民族自尊心、自豪感、自信心的教育,弘扬和培育民族精神。	具备一定的艺术欣赏能力,在美术基础技能上再现及能够表现主客观艺术形象,培养对民族及世界艺术的情感,形成健康、良好的审美情趣。
高三	进行诚信教育、耐挫教育,增强学生的社会责任感。引导学生树立成年意识、公民意识,服务社会的意识。	了解并掌握基础美术概论,在已有艺术知识的基础上能自主学习,发展个性特长,能够正确表达自己的审美感受,具有正确的审美观和人生观。

第二节 美育规划

(一)走美育特色道路

《国家中长期教育改革和发展规划纲要(2010—2020年)》提出:"扩大优质资源,推动普通高中多样化发展,鼓励普通高中办出特色;探索和发现培养创新人才的途径,推进培养模式多样化,满足不同潜质学生的发展需要。"特色学校建设就是落实国家规划、实现高中教育改革的有效载体和重要抓手。

香山中学是创建于1995年的一所普通中学,建校26年来,学校一直坚持走特色办学之路,从美术特色上升到美育特色,从美育特色进一步上升为特色学校,从培养学生掌握绘画的一技之长到培养全面发展特色人才,走上了一条让师生充满希望的美育之路。

香山中学的领导、教师坚信着:美育是实现教育"立德树人"这一根本任务的重要途径;美育是心灵的润泽,是塑造香山学生美好人格的教育,是引领香山学生追寻生命意义的教育,也是点亮香山学生人生信仰的教育。

如今，香山人对学校美育有着独特的认识与理解，具体表现为：

一是美育并不等于艺术教育，美育是与德育、智育、体育、劳动教育并列的教育范畴，而非学科概念。美育，不仅是美术、舞蹈、乐器这些技能培训。二是美育与香山中学的任何学科均有关系，数学中方程式的对称美，语文中诗歌韵律的节奏美，地理中地形、气候图示，英语中的简笔画，生物中的动植物标本绘制，劳技中的设计制作等都是其重要载体。三是美育与艺术的关系最为密切，艺术教育是实施美育的基本手段。

因此，香山中学的美育规划将基于时代精神的召唤、立足于美育目标的实现，开展以下几方面的探索实践：建构由艺术特色教育发展到"塑造学生美好心灵"的学校内涵发展思想；建构由尊重学生个性特长培养发展到注重润泽学生心灵成长的教育目标；建构由美术学科为主打的特色教学发展到跨学科的综合性、统整性的大美育教育思想体系；建构由碎片化学科美育教育到大美育课程体系的课程。

（二）设想与展望

通过上海市特色普通高中的创建经历，我们看到诸多办学发展中的不足，经过梳理和总结，也进一步明确了学校今后的发展定位和特色方向，初步确定了两项措施：即更新学校发展规划和启动新的研究项目，从以下四个方面着力，在今后三年，全面开启香山中学特色发展的新篇章。

1. 进一步彰显"立美育人"特色办学文化

学校将进一步凝练和提升"立美育人"特色办学的文化品质。尽管近期对学校特色文化做了新的梳理，但从法理和实践角度看，还有许多方面值得深化认识。如从《国务院办公厅关于全面加强和改进学校美育工作的意见》和《上海市人民政府办公厅关于全面加强和改进学校美育工作的实施意见》等文件，尤其是习近平同志给中央美术学院老教授重要回信精神等,如何领会和贯彻,以及如何立足本校的长期探索,回应走向"核心素养"培育和"立德树人"的时代命题,使学校的美育视野进一步拓展,使认识有更新的高度,对学校特色发展的内涵有更新的解释和引领……在实践中,我们逐步认识到,学校文化建设是一个长期而不断深化的过程,需要与时俱进。

2. 进一步创新"立美育人"特色课程体系

学校将进一步充实和完善"立美育人"特色课程体系。尽管学校的特色课程建设拥有了较好的基础,课程类型、课程质量都在发展完善。但从体系上看,在指向美育通识和总领性课程建设方面,还需要加大力量进行研究开发;在美育功能渗透所有学科或者各学科发挥美育功能方面,"不均衡、不充分"的情况依然存在,需要我们加强研究;在课程实施方面,如何更好地聚焦于课堂的美育特色彰显,对各类课程或学科加强更具操作性的模式指引,从"必然王国"走向"自由王国"的路还需要有深度的探索;在课程评价方面,尽管已经有了良好的基础,但在实践与体现"全员参与"性上,还有待进一步努力。

3. 进一步拓展"立美育人"创新体验空间

学校将进一步建设和优化"立美育人"创新体验空间。目前,学校利用创新实验室建设,已经在指向美育特色发展的主题下,创建了多个立美体验的学习空间(教室)。但顺应时代发展,尤其是数字化、智能化发展的要求,确实还需要升级和换代。可喜的是,在区教育行政部门的支持下,学校基础设施改造发展的蓝图已经清晰,有关审批程序正在进行。学校将结合校舍改造扩建,重点关注"立美育人"主题下的创新体验空间建设,力争实现学校原有的创新实验室从1.0(实物版)、2.0(数字版)逐渐向3.0(智能版)的过渡。

4. 进一步辐射"香山特色"美育优质资源

香山学校将进一步辐射和扩大"立美育人"优质教育资源,为办好更有质量更加公平的教育做出应有的贡献。我们将继续加强内涵建设，进一步优化"立美育人"特色课程，建设国际交流舞台，完善更多共享平台，为师生提供更多服务；创新校内办学机制，根据香山完全中学的办学体系，积极探索完善初高中美育特色教育衔接机制；做大做强"美术教育论坛"，在更大区域范围内扩大参与学校数，形成"香山影响力机制"。

　　普通高中多样化、特色化发展的根本目的，在于促进教育的公平与质量的提升，为每个学生的发展提供更好的服务。香山中学将以习近平总书记"以大爱之心育莘莘学子，以大美之艺绘传世之作"的指示为引领，坚守立美育人，更好地培育"敬贤、尚美、乐学、笃行"时代新人，坚定美育特色建设的发展方向。

/上 编/
课程为本，树立美育根基

　　香山中学按照"以美立校，立美育人"的办学理念，将育人目标定为：培养"敬贤、尚美、乐学、笃行"的现代公民。学校紧紧围绕"以美立校，立美育人"的办学理念和"敬贤、尚美、乐学、笃行"的育人目标，以多元课程为依托，夯实学生的美育基础。以美术课程为龙头，整合国家课程与校本特色课程，不断梳理和完善学校的课程架构，开设了"美术＋美育"的特色课程，奠定学生的美育基础知识，支持学校的美育特色教育，通过多元又各具特色的课程，以美启德，以美促德，丰富学生的审美体验，努力培养学生感受美、表现美、鉴赏美、创造美的能力，开阔其人文视野，陶冶其情操，促进学生全面发展。

第三章

美育课程培育美的创造力

　　根据"立美教育"的教育哲学思想，香山中学的课程以"立美育人"为价值观，按照大厦之"屋顶""方梁""基石""立柱"的图像视角进行架构。"屋顶"是课程的目标思想，以人文素养和审美素养培育为课程的价值追求；"方梁"是课程的对照结构，以三类功能性课程与八大学习领域为建构依据；"基石"是课程的特色基底，以美育文化为基础底色；"立柱"是课程的聚类组合，是纳入课程计划的实施载体。

第一节　美育课程的顶层设计

（一）学校教育哲学

香山中学的教育哲学是"立美教育"。"将美育融入教育全过程，以美养德、以美启智、以美健体，以美育促多育，全面推进综合素质教育"是立美教育的重要理念。美育课程是美育建设的重要组成部分，也是香山中学美育特色发展的历史根基。因此，我们在进行美育课程顶层设计时需要对"立美教育"的教育哲学进行更深入的理解。

首先是坚持传承与稳步提高的需要。学校坚持走特色办学之路，通过对美术课程、美术教学和管理机制的继承、沿革，不断完善学校特色创建机制，推动学校特色从单一的美术教学项目逐步上升到全面的美育特色。通过坚持科研课堂研究"美"，教育教学提升"美"，努力推动"立美教育"的研究实施。从"素描""色彩""水粉"到"美育读本"课程，从特色班试点到全校普及，从区艺术教育特色学校到市艺术教育特色学校，美育在香山中学得到了传承和发展，"美"正成为香山师生共同的追求。

其次是特色发展与整体推进的需要。学校注重把美育融入德育、智育、体育、艺术、管理等方方面面，整体部署美育特色内涵发展的推进工作。全校老师广泛参与美育特色的研究与实践。既重视学生美术专业的发展，也强调基础性学科的均衡发展，着眼于学生审美素质和综合素质的不断提升。我们认为，只有从学科立美、德育立美、课程立美、文化立美四条途径着手，妥善推进立美教育活动，积极倡导审美与育人、求学的统一，才能确保以美促德、以美启智、以美健体的整体效果和实现学生的全面发展。

最后是理解教育与深入教育的需要。教育最基本目的是传授知识，更高目的在于启蒙人的思想和智慧。"立美教育"是一种回归本性的教育，是施教者依据特定的培养目标，通过"施教于美"的过程，达到"立美育人"目的的一种教育。是按照美的规律进行教育，使受教育者得以全面发展的教育过程。既指向融德育为心灵之美，融智育为灵秀之美，融体育为健壮之美，融劳动为创造之美的单项教育过程，亦指向由德、智、体、美、劳诸育相互渗透和交融所呈现出来的完美、统一的教育过程。正所谓育人始于立美，而立美亦离不开审美。

立美，是一种实践活动，它是站在马克思主义实践观上，以人类物质生产实践为基础点建立美学，从而形成的一种美学概念。立美教育，就是通过教育者在实践过程中提取美的因素并将其转化为审美因素，在遵循美的规律的基础上，建立美的形式从而引导学生自主创建美的活动。

立美教育追求学生的整体综合素质的提高，这种教学活动可以使内在的逻辑美与外在的形式美相统一，使学生在学会欣赏的同时进行创造，在获得身心愉悦和满足的同时提高学习效果，激发学生热爱美的品质，从而全面提高学生自身素质。立美教育不是随心所欲的教育，它是正规的教育活动，是按照美的规律进行的，不是片面的情感教育，它对于学生审美发展以及其他素质发展都具有促进作用。

学者张建认为："立美教育建立在美的基础上，按照美的规律，借鉴审美精神,全面育人的教育活动。也就是要让教育过程也成为立美因而也成为审美的过程,就是要让美的法则成为教育活动的准则。立美既是手段,也是目的。"

基于上述教育哲学,香山中学确立了八字办学理念:以美立校,立美育人。

所谓以美立校,就是在美育成为学校发展厚实基石的基础上,按照美的品质持续深入开展学校建设,让美育成为学校持续发展的不懈动力。学校以深化"立美教育"为抓手,以美育特色课程体系建设为重点,以美术特色教学为龙头,充分挖掘和开拓美术教学的内涵和外延,将美育融入学校教育教学全过程,以美促德、以美启智、以美健体、以美促劳,使美育与德育、智育、体育、艺术、劳动有机结合,以美育促多育,充分发挥美育的整体功能,全面推进学校的综合素质教育。

所谓立美育人,就是教育者自觉应用教育规律和美的规律,创建内容和形式和谐统一的美育实践活动,按照美的品质、美的特征,感染和影响学生,旨在发展学生审美素质,提升综合素质,最终完善其人格。为学生的成长、成人、成功奠定基础。教育工作者以美的语言引导人,以美的行为感染人,以美的意境影响人,以美的课堂艺术启迪人,使学生的情感升华到美好的境界,提高其发现美、欣赏美、寻求美,创造美的能力,从而完善其人格,促进学生德智体美劳全面发展。

"以美立校,立美育人"的办学理念其本质就是手段与目的的统一,是办学目标与育人目标的统一,两者统一于香山中学的美育特色。营造"以美立校,立美育人"的文化氛围,重视师生对美的内在需求,促使师生在精神层面与美育精神相一致,形成更高阶的素养和能力,促进和谐、进取的学校美育文化建设。

(二)学校课程架构

根据"立美教育"的教育哲学思想,香山中学的课程以"立美育人"为价值观,按照大厦之"屋顶""方梁""基石""立柱"的图像视角进行架构。"屋顶"是课程的目标思想,以人文素养和审美素养培育为课程的价值追求;"方梁"是课程的对照结构,以三类功能性课程与八大学习领域为建构依据;"基石"是课程的特色基底,以美育文化为基础底色;"立柱"是课程的聚类组合,是纳入课程计划的实施载体。

一是以国家和上海市政府相关文件精神为"屋顶"——确立目标。《国务院办公厅关于全面加强和改进学校美育工作的意见》(国办发〔2015〕71 号)(上海市政府文件颁发后补充)的精神,尤其对学校美育课程体系构建的相关要求,是学校美育特色课程思想定位的指导。香山中学的美育特色课程建设需要以此为"脊",从"上承国脉"的高度,确立学校课程特色的立足点和价值观,使课程具有"独上高楼,望尽天涯路"的境界。

二是以上海市中小学课程方案和课程政策为"方梁"——对照结构。上海市教育委员会颁布的课程方案和各科课程标准等系列课程政策,是保障学校课程结构框架依据的栋梁。尽管目前的课程方案和课程标准经过十多年实施后将面临修订与完善任务。近期国家教育部和上海市教委都提出课程为学生核心素养培育服务的观念,以此作为修订与完善国家课程的时代要求,必须要与时俱进地予以落实。

三是以"以美立校"特色文化建设为课程之"基石"——凸显特色。要实现高中多样化发展,就需要克服"千校一面"的格局,张扬学校的个性。为此,以"以美立校、立美育人"的办学思想,需要在学校课程中鲜明地凸显。课程特色要通过"立美教育"的深化彰显、美育特色;通过现代学校制度的建设,形成"尚美"学校文化的"基色",使学校真正成为具有高度文明的并富有浓郁艺术人文气息的现代特色高中。

四是以彰显美育特色的四大系列学校课程为"支柱"——校本方略。学校课程要从美术特色转型为美育特色,就要充分挖掘和开拓美术教学的内涵和外延,将美育融入学校教育教学的全方位,构筑"各学科基础课程""跨学科拓展课程""创新实践探究课程""个性化社团课程"这一育美之柱,实现以美促德、以美启智、以美健体,使美育与德育、智育、体育有机结合,充分发挥课程整体美育功能,全面推进学校素质教育。

美育内容与实际生活相结合。美育特色课程的内容需富有生活气息,并渗透到学校全部的生活中,充分实现情绪体验和逻辑思维的融合。激励学生在感受美和享受美的过程中,焕发高尚的情感;引导学生通过逻辑思维来分析作品,加深其对生活的认识。充分实现艺术内容与表现方法的统一。既要使学生钻研艺术内容,加深理解,又要使他们了解艺术的表现方法,掌握表现的技能、技巧。充分实现统一要求和因材施教的结合。既要使全体学生拥有基础的绘画、唱歌和其他艺术技能,具备一般的艺术修养;也要适应学生艺术才能和兴趣的不同,因材施教。充分实现继承性与发展性的结合。一是坚持办学理念和办学目标的继承与发展,二是学校美育特色"制度 + 人文"管理机制的继承与发展,三是美术课程、美术教学和管理机制的继承与发展。

我们对原有的课程结构进行了全面地梳理和功能定位,使之既能突显特色又能满足新课程、新教材改革实施要求。重新定位校本特色课程功能,使校本特色课程充分融入国家课程体系。(1)必修学科的美育渗透。校本特色课程通过美育渗透,将必修学科课程所涉及的学科:语文、数学、英语、物理、化学、政治、历史、生命科学、地理、信息科技、道德与法治、体育与健身等进行校本课程化,从最初的学科美育渗透框架研究,到现在的学科美育渗透案例研究,必修学科美育渗透已经日臻完善;(2)选择性必修学科的跨学科融合。校本特色课程通过学科融合,将选择性必修学科所涉及的自然、社会、艺术等多个领域,进行了跨学科融合研究,为学生提供艺术审美、潜能开发、人格发展等方面的学习经历;(3)综合实践活动的美育主题整合。综合实践活动进行美育主题整合,将涉及的志愿服务、党团、军训、社会考察等活动,通过美育主题设计,进一步彰显美

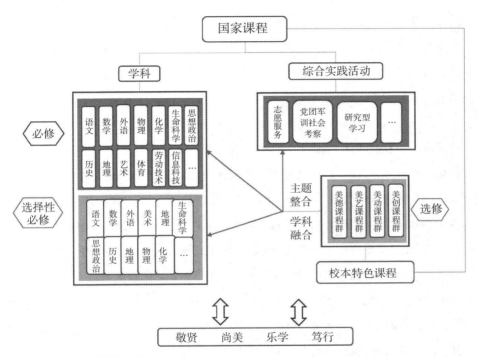

图 3-1　香山中学课程体系架构图

育特色,全面推行综合素质教育(图 3-1)。

(三)学校新课程理念

在"以美立校,立美育人"的办学理念引领下,我们提出了如下新课程理念:把美奉献给属于它的心灵。这意味着:创建"美美与共"的艺术人文家园。

首先,课程即美的情愫。饱含美的元素,丰富多彩的课程是学生取之不尽、用之不竭的源泉。新课程理念强调课程内容与学生的生活保持密切联系,从生活中领会丰富的人文内涵,增强学生对生活的热爱和责任感,发展学生创造美好生活的愿望和能力。要让课程走向生活,面向学生的生活世界和社会实践。

课程活动要尊重学生已有的知识与经验,倡导自主、合作、探究的学习方式,让学生参与教学,让课堂充满创新活力;要把教学过程作为师生交往、共同发展的互动过程,实现教师角色的转换,从而引领学生积极投入课程的学习中去,满足他们的教育需求。

其次,课程即生命相遇。教育是直面人的生命,通过人的生命,为了人的生命而进行的社会活动,是以人为本的社会中最体现生命关怀的一种事业。课程就是一种精神教育,一种生命塑造。课程便是实现理性、健康和完善的生命教育。华东师大张华教授说:"现今的教育,并不缺少先进的教学方法和教学设备,也不缺少教育思想和教育著作,唯独缺少灵魂。"课程的价值就在于对生命的体悟,在于满足生命生长的需求,在于师生之间生命本真的共鸣。通过课程实施,教师用教育的初心唤醒学生的内心,激发学生潜在的生命活力,让课程成为生命栖息的绿洲。

最后,课程即心灵滋养。课程是一种内在的召唤、是内心灵性的启迪。这种召唤使在教育情境中的每一个人都会真诚地谛听来自生命最本真的悸动和低语。教育过程使心灵变得纯净、充实、澄明。课程学习应顺应学生天性,尊重个体差异,珍视学习的整体性与多样性。课程实施应侧重师生共生、师生互动、生生互动,注重课程类型的多样化和内心体验的深刻性。我们教授的学生将是面向 21 世纪快速发展,属于未来的孩子。我们可以通过课程滋养孩子的心灵。守住课程的净土,给予学生一片海阔天空。守住教育的信念,让学生的灵性得以滋养。

(四)学校课程领域

在规范夯实国家课程的基础上,学校围绕"敬贤、尚美、乐学、笃行"的育人目标,对原有校本特色课程进行了梳理,划分为四大课程领域。

美"德"课程，体现人文积淀，文明传承，语言思维，表达交流。在原有人文类基础上经过重新梳理，将德育课程中的悦美系课程、青年团校、青年党校课程以及特级教师进校园课程融入其中，进一步彰显美育特色。

美"艺"课程，体现艺术表达，情趣高雅，审美达美。作为学校重要的美术专业课程，作为线上教学的补充，我们新增加了 VR 云展馆课程，同时将大师进校园、校友讲座等作为课程纳入美艺课程，进一步夯实了学生职业生涯体验，将课程与实践结合得更为紧密。

美"动"课程，体现身心健康，自信自爱，多元文化，和谐发展。在原有的体验活动基础上，增加了意大利语、阿拉伯语、法语等多元文化课程，将戏剧进校园课程由原来的沪剧，扩展到越剧、昆曲，同时将综合实践活动的研学、"美之足迹"纳入美"动"课程，不仅给学生提供了更多的活动空间，更使活动与美育主题充分地得到了整合。

美"创"课程，体现善于发现，乐于探索，敢于实践，勇于创新。整合了原有的"实践创作"和"探索创新"类课程。并与群星职校、赵志刚工作室积极合作，借助外校及专业团队在课程、师资以及硬件的优势开设出平面设计、影视制作等校外课程，使学生能接触到最新的行业发展动态，给予他们更多的发展空间。

因此，我们根据年级特点构建了学校美育课程发展目标，如表3-1。

表3-1　香山中学美育课程发展目标

课程目标 ＼ 育人目标	懂美识	能美韵	会美动	善美创
六年级上	能认识并正确书写汉字。有持久的课外阅读兴趣。养成观察生活，思考生活现象的习惯	运用艺术语言，以描绘和艺术造型的方法，记录所见所闻、所感所想	认真上好两操一课，积极参加体育锻炼	有意识地运用形式原理进行设计和制作。运用设计知识，评述自己和同学的设计作品

续　表

课程目标 育人目标	懂美识	能美韵	会美动	善美创
六年级下	能依据自己的语言能力和思想认识水平,选择生活材料,写出自己的感受和见解	发展美术构思与创作的能力,传递自己的思想和情感	积极参加体育活动,养成良好的运动习惯	积极参与美术欣赏活动,主动搜集、了解中外美术作品及重要美术家的信息
七年级上	汲取广博的人文知识,开展丰富的听说读写活动,拥有多方面的知识和能力	初步认识艺术的特征、表现形式及对社会生活的独特贡献	积极参加体育活动,养成良好的运动习惯	欣赏优秀的设计作品,了解设计的主要门类及其主要特征,尝试用语言或文字从设计的角度进行评述
七年级下	培养关注现实、热爱生活、积极向上的生活情趣	丰富视觉、触觉和审美经验,形成基本的艺术素养	认真上好两操一课,积极参加体育锻炼	积极参加各项实践创新活动,拓展知识领域,增长生活经验,初步培养学生的创新精神和实践能力
八年级上	提高阅读质量,注重情感体验,发展感受和理解能力,丰富自己的精神世界	学会多角度欣赏艺术作品,形成健康的审美情趣	学会应用科学的方法参加体育锻炼;具有安全进行体育活动的能力	学习设计的形式原理与方法,进行多种形式的设计和制作练习,体会美术、环境与人之间的关系
八年级下	逐步形成热爱祖国优秀文化传统和尊重世界文化多样化的价值观	增强对自然和人类社会的热爱及责任感	理解营养、环境和生活方式对身体健康的影响	在实践活动中善于观察和思考,勤于动手,勇于实践,增强探究和创新意识
九年级上	拓展思维空间,培养观察、思考、表达和创造能力的人文底蕴	自由抒发艺术情感,表达个性和创意,增强审美自信,善于发现美,学会鉴赏美,敢于创造美	学会掌握和运用运动技能;拥有提高预防疾病的意识和能力	以团队合作的方式,选择某一主题,进行设计练习,共同完成作品。并对各种作品进行分析与评价

课程目标＼育人目标	懂美识	能美韵	会美动	善美创
九年级下	培养视野开阔心态开放，心智豁达，情感纯净，意志坚强，积淀较为丰厚的品质	创作具有一定思想和文化内涵的美术作品。形成健康的审美观念	提高调控情绪的能力；具有积极的社会责任感	发展学生的思辨能力及个性化探究能力，在实践创新领域有自己的作品和成果
高一年级上	能综合运用归纳、演绎、类比和比较，质疑等方法，能自主地梳理阅读中获得的知识	在一定程度上了解中外美术史，并具备一定的艺术欣赏能力	积极参加体育活动，养成良好的运动习惯	开展研究性学习基础知识与基本技能的初步学习
高一年级下	有文学鉴赏水平，能结合自己的生活积累和知识积累评论作品的思想性和艺术性	能够识别图像的形式特征，分析图像的风格特征和发展脉络，理解图像蕴含的信息	形成坚强的意志品质；懂得关心社会的体育与健康问题	学会思考分析社会、生产、生活现状、发掘问题，提出问题，选择研究课题
高二年级上	能综合运用叙述、描写、说明、议论、抒情等表达方式，抒发对生活中的人、事、物的感情	提升对艺术作品的形式、情绪、格调、人文内涵的感受和理解	保持参与运动的兴趣和积极运动的习惯，使性格更开朗，动作更协调	在美术基础技能上再现主客观艺术形象，具备设计基础能力。学会运用多种工具、材料和美术语言
高二年级下	能针对某些现象或观点发表见解；有写作的热情，养成随时动笔的习惯	培养艺术鉴赏和评价的能力，形成健康向上的审美观	形成积极进取、乐观向上的生活态度	通过自主探索实践，确定研究课题，寻找解决的方案与途径，选择研究成果的表述方式等
高三年级上	根据不同场合和不同需要即时发表自己的意见，能进行即兴演讲或辩论	通过对优秀作品的审美体验，增进对祖国艺术的热爱	持之以恒地参与各项体育运动，增强体质	具有创新意识，能运用创造性思维进行创意，并用美术的方法和材料予以呈现和完成

续　表

育人目标 课程目标	懂美识	能美韵	会美动	善美创
高三年级下	有一定的文化积淀,有健康的审美情趣和个性爱好,有独立的人格意识。能依据自己的兴趣爱好和发展趋势,选择拓展型课程或研究型课程的内容进行学习和探究	培养自身的社会责任感、民族精神和爱国主义情怀;学习理解和尊重文化的多样性,初步具有国际视野和参与国际交往的能力	形成健康的生活方式,促进学生身体素质与心理素质的健康发展	通过对中学各科的基本原理、方法、价值观和相互关系的整体了解,探究认识世界万物的基本方法,并尝试加以检验。为更高层面上的研究问题和个人初步发展方向打好基础

　　"德、艺、动、创"四大课程领域的"蒲公英"图(如图3-2),也是由教研组长带领老师和同学们共同讨论选定的图标。它寓示着:香山中学的特色课程如随风而起的蒲公英,不畏惧前路的困难,不忘初心,砥砺前行。秉有艺术的飘逸之美,随风起舞自由而又肩负责任,把美的种子能播撒到自己所到的每一处,能孕育出新的生命。永远柔美而坚强地向美而行……

　　香山中学美育课程体系建设以美术课程为龙头,以审美和人文素养培养为核心,以创新能力培育为重点。强调课程的多样性和选择性,注重学科的相互渗透融合,重视美育基础知识的学习,在增强课程综合性和实践性的同时,丰富学生的审美体验,开阔其人文视野。

　　按照上海市颁布的各学科课程标准,严格执行基础型课程、拓展型课程、研究型课程三类课程标准,将特色课程全部纳入整个学校课程框架体系。开设以服务特长学生、体现办学特色宗旨,实施一流的"美术＋美育"的特色课程,开展适合特长学生所必备的以艺术人文修养为主的拓展型及研究型课程。

图3-2　香山中学"德、艺、动、创"四大课程领域图

从学校实际出发,确立让学生掌握一门艺术技能的目标定位,为他们的职业生涯和终身学习打下牢固的基础。同时,积极倡导以美促德、以美启智、以美健体的理念,努力提高学生的审美情趣和人文素养,使之成为全面发展的人。

把美育贯穿到课堂教学的全过程,落实到教学的各个环节上,由"务虚"变为"务实",由"理论思考"变为"行动探索",由"局部渗透"变为"全面推进",教师自觉地将美育渗透到教学日常,开展内容丰实、形式多样的学科美育建设的实践和研究。建设一支以"教师形象气质美、教学设计精当美、教学过程优化美、教学语言艺术美、师生关系和谐美"为目标的"五美品牌教师"。将"人人都是美育工作者"的理论转化成香山中学全体教师专业发展的自觉行动。

总而言之,"立美课程"是学生发现美、表现美的源泉;是引领学生全情投入去感受、去表达、去展示的舞台;是学生与生命相遇、碰撞、交流的空间;是学生个性发展,心灵成长的载体;更是学生重塑生命个体,启迪智慧增长的契机。学校在"以美立校,立美育人"的办学理念引领下,以课程为载体,以文化融合为方式,以促进学生全面发展为核心,努力实现学校"懂美识、能美韵、会美动、善美创"的育人目标。根据"把美奉献给属于它的心灵"的课程理念,分学期制定与"懂美识、能美韵、会美动、善美创"相呼应的课程目标。

第二节　美育课程的内容结构

经过多年校本实践和探索创新,香山中学业已构建了彰显美育特色的美育课程体系。

(一)美术特色课程群分析

学校以美术基础课程教学为美育龙头课程,全面奠定美育基础。为此,对国家课程计划《艺术》学科中的美术因素予以了校本化调整,从目标、课时、内容、教学、评价等相关要素着眼,分年级、分阶段编制学校美术教学课程纲要,依据美术教学的内容及学生学情的现状,实行流动分层教学,凸显"做强"的意涵,为学生在拓展课程的分流打下坚实基础。

2013 年,经过第一阶段的积累和探索,形成了香山中学《上海市香山中学美术特色课程方案》。课程关注学生的美术专业性、普及性和渗透性,配合这一方案的实施,完成有《大师起步》五册辅助资料的编印。2016 年,顺应新高考制度下走班制和分层教学的要求,针对新增的写生等内容,学校已着手进行了课程改版,初稿已完成。课程设计从知识、技能、艺术、人文入手,为我们的学生奠定了美育素养发展的基础。

表 3-2　第一张课程表:美术特色课程表

高一美术课程表	高二美术课程表	高三美术课程表
美术基础知识	设计	设计艺术
石膏几何体写生	速写	美术史论
以线为主的静物素描	水粉静物	雕塑、泥塑
以明暗为主的静物写生	素描(石膏头像)	石膏头像写生
速写(室内外场景速写)	真人头像(写生)	真人头像写生
设计基础(美术字、平面构成)	石膏头像与胸像写生	油画、中国画

课程定位方面,我们在上海市二期课改理念的指导下,根据“国家课程”“地方课程”“学校课程”三级课程的精神,据《上海市美术课程标准》提出的具有美术特色中学的“基础型”“拓展型”和“探究型”课程改革理念,制订了“上海市香

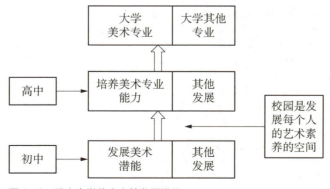

图 3-3　香山中学艺术素养发展进程

山中学美术特色课程方案"。香山中学美育课程是在上海市二期课改《上海市美术课程标准》基础上对美术特色教育的"拓展"和"探究",是针对香山中学美术特色的现状,提出的适合香山中学学生发展的课程。香山中学美育课程在重视学生视觉文化和审美感悟的同时,加强了学生美术特长的专业教育,立足高素质的美术专业人才的培养,突出了本校"为高校输送人才"(尤其是美术人才)的办学特色。

针对预备年级至初三年级,高一年级至高二年级,高三年级三个阶段不同年级特点,我们提出具体的课程目标。

表3-3　香山中学课程目标

目标 年级	知识与技能	进程与方法	情感态度与价值观
预备年级 至 初三年级	认识并在一定程度上掌握几种常见的美术工具,材料的不同性能、效果,并具备相应的再现手法。知道中外若干最有代表性的美术家及其代表作。	将生活与学习联系起来进行具备一定技巧的造型表现,表达对事物的感受。知道欣赏和评价美术作品的方法。	愉快、积极地参与以造型基础为表现形式的美术活动,在基础课程活动中与合作中感受造型创作的乐趣,能用欣赏的眼光观察自然物与艺术品。
高一年级 至 高二年级	在一定程度上了解中外美术史,并具备一定的艺术的欣赏能力,在美术基础技能上再现及能够表现主客观艺术形象,具备设计基础能力。	结合已有的生活知识及相关艺术知识进行艺术基本问题的思考,进行造型再现表现、设计、创造,进行专业美术活动。	热情主动地参与造型表现等美术基础活动,培养对民族及世界艺术的情感,形成健康、良好的审美情趣。
高三年级	了解并掌握基础美术概论,具备一定的艺术思辨能力,能够较好地掌握素描、色彩、设计的表现能力,具备一定的专业水准,能够正确地表达自己的审美感受。	在已有艺术知识的基础上注重自主学习能力,注重个性特长发展,进行专业美术基础的训练,在教师的引导下进行更深层次的美术专业学习。	积极主动地参与教学活动,刻苦勤奋地学习美术专业知识和技能,具有正确的有价值的审美观。形成正确的人生观。

（二）美育特色课程群分析

三张美育特色课程表中，国家基础课程，关注美育的渗透与融合；拓展课程和研究课程，关注审美和人文素养的提升及学生创新意识的培育。本小节重点探讨美育的课程设置，其他内容将在后边的章节详细介绍。

表3-4　三张美育特色课程表的关系

	课程类型之递进	课程特点之递进	教育重点之递进	学习者行为之递进	教育形式之递进	教育主体之递进	因材施教之递进
课程表二：美育学科渗透表	渗透型	跨学科	审美性	普及性	互动式课堂	引导式授课	普及化
课程表三：美育拓展实践表	拓展型	实践性	人文性	个体创作型	翻转式课堂	教练式授课	普及后分层
课程表四：美育创新实践表	研究型	创造性	自主发展	团队协作型	项目制学习	学生主导	分流后提示

以美术课程为基础
以审美和人文素养为提升拓展的切口
以学生创新意识培育为重点
以学生自主发展的课堂创新为实施手段

四类课程体现"立美教育"的理念，涵盖中学生核心素养，进而构成了"立美教育"课程体系结构。四方面课程相互融合，共同促进学生的全面发展。

根据国家基础课程的安排，结合学校课程资源、课程门类的设置，考虑学生的学习兴趣和发展需求，我们按照年级水平对课程内容进行了系统建构，形成了"立美课程"四大领域课程设置的具体框架。

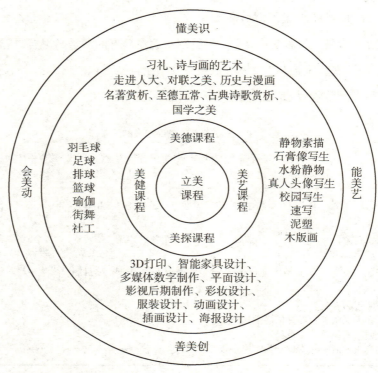

懂美识

习礼、诗与画的艺术
走进人大、对联之美、历史与漫画
名著赏析、至德五常、古典诗歌赏析、
国学之美

会美动

羽毛球
足球
排球
篮球
瑜伽
街舞
社工

美健课程

立美课程

美德课程

美艺课程

美探课程

能美艺

静物素描
石膏像写生
水粉静物
真人头像写生
校园写生
速写
泥塑
木版画

3D打印、智能家具设计、
多媒体数字制作、平面设计、
影视后期制作、彩妆设计、
服装设计、动画设计、
插画设计、海报设计

善美创

图 3-4 立美课程结构图

1. 美德课程

表 3-5 美德课程

学期	课程名称	课程内容
六年级上	我的学校	学会自我管理,参与学生会竞选,做校园生活的监督者
	文明中学生	提高学生的文明素养,做讲文明、有礼貌的中学生
	我的班级	了解班级文化的意义,制定切实可行的制度文化,形成灵智向上的学习文化,建设具备班级特色的环境文化
六年级下	名著阅读	学习在准确、流畅地朗读课文的基础上,重点关注课文中的情景描写。在获得审美体验的同时,积累一些写景抒情的句子

续　表

学期	课程名称	课 程 内 容
	英语听说	参加专题讨论和演讲活动,基本表明自己的观点。能读懂文学、科技等原版的简易读物及含有少量的生词的语言材料
	相逢在花季	了解青少年身心发展的基本常识。学会调控自己的情绪,能够自我调适、自我控制。感受生命之美
七年级上	名著赏析	养成观察生活、思考生活现象的习惯,依据自己的语言能力和思想认识水平,选择生活材料,写出自己的感受和见解。认识中华文化的博大精深之美
	美与节日同行	春节、清明节、端午节、中秋节和重阳节等具有广泛性和代表性的民族传统节日
	习"礼"——校园礼仪	了解、掌握并使用校园常规礼仪(尊重老师、尊重同学、学会请教、学会商量、学会倾听、学会劝阻、学会合作、学会感恩、学会师生间的礼仪)
七年级下	走近共青团	了解共青团的知识
	走进博物馆	知道重要的历史事件、历史人物及历史现象,知道人类文明的主要成果,初步掌握历史发展的基本线索。认同中华民族的优秀文化传统,尊重和热爱祖国的历史和文化。初步形成对国家、民族的认同感,增强历史责任感
八年级上	阅读与写作	在读写实践中增加文化积累,丰富文化底蕴,塑造健全的人格之美。学会充分调动已有的生活、知识积累,选取符合题意的材料。有个人的体验与发现。能赏析、评价文学作品,形成健康的审美情趣
	生命旅程	结合香山中学初中学生青春期的成长特点,探究生命伦理、生命的意义与价值等内容
	光荣的共青团	学习共青团的历史和成就
八年级下	走进人大	认识处理我与他人、集体关系的基本社会规范与道德规范。学习参与社会公共生活的方法。养成孝敬父母、尊重他人、诚实守信、乐于助人、有责任心、追求公正的品质
	博物馆课程	学习从多种渠道获取历史信息。学会用口头、书面等方式陈述历史。认识人民群众创造历史的作用,感受杰出人物在历史上的人格之美

学期	课程名称	课程内容
九年级上	诗歌鉴赏	学习运用现代信息技术了解相关知识,扩展阅读内容,深入理解课文内容。学会欣赏优秀的古诗词的意境,提升美学鉴赏能力。尝试与他人探讨问题,交流思想感情;培养围绕某一问题做深入研究的意识,感受探究之美
	英语阅读	学会在阅读中运用阅读策略获取所需的信息。促进形成适应时代发展的人格素养。提升个人的审美情趣和文化品位
九年级下	以案说法	知道基本的法律知识,了解法律在个人、国家和社会生活中的基本作用和意义。学习以正确的价值观为标准,作出正确的道德判断和选择。树立规则意识、法制观念,有公共精神,增强公民意识
	世界遗产在中国	通过各种途径收集与中国的世界遗产有关的图片、影像及文字资料,知道中国是一个历史悠久、文化遗产丰富的国家,尝试用艺术的、美的眼光来审视和感受中国的世界遗产,并初步分析和总结这些遗产对中国文明的作用
高中一年级上	国学之美	指导学生朗读、感受、理解、鉴赏和评价古代诗歌,使学生接受诗歌语言美和意境美的熏陶。认识人类情感的丰富性,领会诗人寓于形象中的情韵美
	习礼,让生活更美好	了解、掌握并使用家庭常规礼仪、上下代人加强沟通,消除代沟,建立上、下辈之间朋友式的关系,享受温馨的家庭、学习生活
	诗词创作	通过朗诵、绘画、演讲、辩论、访谈、情景剧等不同形式,开展生动活泼的诗词活动
	对联之美	通过迎新对联创作、对联书写、送对联、贴对联等系列活动,点燃诗情、提升才艺
	历史与漫画	将引用漫画,挂钩课本单个知识点作为常用教学手段,以多个漫画为线索构建主题教学框架,为学生提供艺术审美、潜能开发、人格发展等方面的学习经历
高中二年级上	古典诗词赏析	感受名家独特的生活感悟。让学生从古典诗词中领会诗歌的意境美,提高鉴赏美的能力。通过反复诵读,认识现代诗歌内在的韵律和节奏,把握诗歌的音乐美
	晓津文学社	举行社团活动,培养学生的写作能力
	至德五常	学习了解仁、义、礼、智、信的内涵,启迪学生的人生智慧

续　表

学期	课程名称	课 程 内 容
	大国崛起	通过观看系列纪录片及影像资料,了解新中国成立以来的发展成就,增强学生的爱国热情、民族自信心和自豪感
高中二年级下	综合述评	选取时事新闻素材,运用所学知识进行判断分析,并对所呈现的时事素材进行自主命题
	走进美院	探访杭州国美,了解美院的历史和特色
	诗情词韵	学会赏析诗词内容,通过多种手段再现诗词画面
高中三年级上	《大学微义》《中庸之美》《庄子选读》	传播国学经典,学会与经典同行,与圣贤交友,可常存一颗光明本心,濡染古典精神,滋养人文情怀,从而立身成为一名德才兼备的谦谦君子
高中三年级下	离校课程	完成三年的综合素质评定,用奋斗拼搏给自己的高中生涯画上圆满的句号
	感恩母校	参加感恩仪式,感恩母校、师长、同学

2. 美艺课程

表 3-6　美艺课程

学期	课程名称	课 程 内 容
六年级上	我爱唱歌	声音训练、乐理知识、歌唱练习
	音乐欣赏	中国传统乐器演奏欣赏、解析
	心随舞动	基本功练习、作品编排
	水墨画	学习中国水墨画的绘画技巧和方法
六年级下	我爱沪剧	学习沪剧基本唱腔
	音乐欣赏	西方古典作品欣赏、解析
	山水画	学习中国山水画的绘画技巧和方法
七年级上	我爱唱歌	加深对人声、乐器声的了解和体验
	艺术鉴赏	鉴赏剪纸、皮影、年画、泥塑等艺术形式和作品
	木版画	学习欣赏木版画,学会木版画的制作

续　表

学期	课程名称	课程内容
七年级下	艺术鉴赏	欣赏古今中外优秀建筑作品
	木版画	掌握木版画的制作要领，可以独立完成作品
八年级上	艺术鉴赏	观看（倾听）乡土艺术民谣、儿歌、传统乐曲等，分辨它们再现的自然或生活情景，收获美的感悟
	音乐欣赏	观看（倾听）歌剧作品欣赏、解析
八年级下	服饰文化	了解服饰礼仪的基本知识，认识服装款式，及其包含的文化元素
	黑白线描画	了解线描画中黑白对比知识和造型手法
	音乐欣赏	电影音乐欣赏、解析
九年级上	艺术鉴赏	倾听、观看、探究、讨论表现婚嫁、宴会、比赛、收获等生活情景的艺术作品，增强美的体验
	硬笔书法	学习书法发展历史，学习名家的书写方法
	素描几何基础	学习素描几何的观察方法，理解和分析透视原理
九年级下	合唱	合唱练习、歌曲演唱
	软笔书法	学习书法发展历史，学习名家的书写方法
	艺术鉴赏	鉴赏世界名家不同风格的绘画作品
高中一年级上	素描	以线为主的静物素描
	石膏几何体	学习石膏几何体基础
	泥塑	学习欣赏泥塑，学会泥塑制作
	水彩画	学习水彩画的绘画技巧和方法
高中一年级下	素描	明暗为主的静物写生
	石膏几何体	学习石膏集合体的绘画技巧和方法
	世界名画赏析	学会欣赏名画、能比较了解中西方绘画的差异性
	透视基础	学习透视基础知识并能在绘画中熟练运用

续　表

学期	课程名称	课　程　内　容
高中二年级上	速写要领	学习速写基础知识并能在绘画中熟练运用
	速写	室内外场景速写
	校园写生	学习实物写生的构图方式、方法
	陶艺制作	学习欣赏陶艺,学会陶艺制作
高中二年级下	美术史论	学习中西方美术发展史
	水粉静物	学习水粉画的绘画技巧和方法
	数字绘画	学习使用数位板的绘画技巧和方法
	新场古镇写生	学习实物写生的构图方式方法
高中三年级	设计基础	学习平面构成,设计原理
	真人头像写生	学习实物写生的构图方式方法
	墙体彩绘	学习墙体彩绘的设计,并能在实际中进行运用
	插画、海报	积极参与校内外活动海报以及报纸、杂志插画设计

3. 美健课程

表 3 - 7　美健课程

学期	课程名称	课　程　内　容
六年级上	心理健康	认识初中生活
	生涯规划	制定初中学习生涯规划
	快乐足球	足球运球基础技术
六年级下	体育与健康	学习田径项目的基本技术
	快乐篮球	运球、投篮规范性动作练习
	快乐羽毛球	学习羽毛球基础技术
七年级上	心理健康	正视身体发展
	生涯规划	培养兴趣爱好

续　表

学期	课程名称	课　程　内　容
七年级下	快乐足球	足球配合训练
	快乐篮球	篮球场上配合练习
	体育与健康	学习跳跃、力量的基本技术
	快乐羽毛球	学习羽毛球基础步伐
八年级上	心理健康	叛逆期心理疏导
	生涯规划	制订生涯规划方案
	快乐足球	足球技战术训练
八年级下	快乐篮球	学习篮球比赛的初级战术
	体育与健康	使学生掌握一定的体育专项技术
	快乐羽毛球	羽毛球有球跑位训练
九年级上	心理健康	与他人和谐相处的方式
	花季青春	了解青春期
	快乐足球	学习足球的基本技战术组合
九年级下	快乐足球	学习足球的基本技战术组合
	巅峰篮球	学习篮球比赛的初级战术
	体育与健康	使学生掌握短跑、跳远和投掷的基本技能要求
	心理健康	目标实现与评价
高中一年级上	综合运动技能	快速跑、耐久跑、运球、爆发力的提升
	瑜伽	瑜伽基本动作学习
	舞动青春	街舞的基本步伐和手型练习
高中一年级下	舞动青春	学习街舞初级规定套路
	瑜伽	学习基本动作和呼吸练习
	生涯规划	制订生涯规划方案

续　表

学期	课程名称	课程内容
高中二年级上	舞动青春	街舞动作与音乐的和拍性练习
	生涯规划	职业体验
高中二年级下	舞动青春	街舞动作与音乐的和拍性练习
	排球	学习排球运球基础技术
	社工	学习志愿者服务的基本知识
高中三年级上	排球	学习排球运动基本战术
	社工	参与校园艺术节、运动会等接待、服务工作
高中三年级下	心理健康	释放压力
	排球	学习排球团队合作
	社工	走出校园参与社区志愿者服务

4. 美探课程

表3-8　美探课程

学期	课程名称	课程内容
六年级上	数学思维养成	形成数形结合思想和分类讨论思想
	综合实践	传统文化研究
	信息技术处理	正确认识和使用网络
六年级下	数学思维养成	形成类比思想和数形结合思想
	趣味编程	学习信息技术，培养编程能力
七年级上	科技小制作	动手制作"小火箭"
	课本剧展演	根据课本自导自演小品剧、舞台剧、舞蹈、T台秀等
	植物标本制作	利用不同植物制作创意图案
七年级下	智造地理	制作简易地球仪、等高线模型、天气符号模型、搭制简易特色民居等
	叶脉书签	学习制作叶脉书签

续　表

学期	课程名称	课 程 内 容
八年级上	综合实践	电路设计
	数学思维养成	形成数形结合思想和类比转化思想
	小小营养师	了解常见食物中所含的营养种类，自己设计食谱
八年级下	综合实践	利用所学物理知识去解决实际生活中的科学问题，并对一些物理实验、制作、工具进行改进创新
九年级上	数学思维养成	形成重要数学思想的思维
	综合实践	通过与课本知识相关的小制作、小发明，学会发现生活中的物理现象
九年级下	综合实践	中学生体质健康调查
	数学思维养成	学习重要数学思想在解题中的应用
高中一年级上	3D打印	认识3D打印技术，提高动手能力
	智能家具设计	利用电脑绘图软件设计未来家具
	数字多媒体制作	学习摄像及后期制作
高中一年级下	平面设计	与群星职校合作，学习产品文宣制作
	影视制作	与群星职校合作，学习影视后期制作
高中二年级上	漫画设计	学习漫画设计、制作学校宣传海报
	美术颜料研究	探索美术绘画过程中不同元素的使用与搭配
高中二年级下	彩妆设计	与赵志刚工作室合作，学习彩妆设计基础知识
	服装设计	与赵志刚工作室合作，学习服装设计基础知识
高中三年级上	数字化美育速写	学习数位板技术
高中三年级下	展馆设计	学习展馆布展设计

第三节　美育课程的实施成效

学校通过特色资料编写、课程组织管理等工作，完善了教师和学生的美育修养，提升了学生的美育素养，也帮助学生圆了升入理想大学的梦想。美育课程的实施得到了学生、家长、社会和教育主管部门的充分肯定和认可，在市区相当范围内拥有较高的声誉和知名度。

（一）美育资料编写与实践创新

1. 美术特色课程的资料编写原则

在美育课程实施中，香山中学始终重视对课程的编写原则。

资料编写是落实课程目标和内容的重要工作，直接反映了教学的全过程，是教学的参考和范例，对教学效果有着直接的影响。美术资料编写的原则如下：

一是实效性原则：在资料的编写上采用直观的读图形式，注重范画、图片、文字、照片、学法解析图的运用。贴近学生的学习和心理，适应生理年龄特点。重视学习的实效性，能够激发学生的学习兴趣，具有审美的情趣性，满足学生健康的审美需求。充分考虑多种美术知识的整合，注意引进先进并具备可操作性的传播方式。

二是特色性原则：在资料的内容结合上，要充分重视体现香山中学的办学特点，重视美术基础的传统关系，体现美术范畴的文化先进性和多元化，使资料具有丰富的文化内涵，有利于教师从中挖掘教育因素，培养学生健全的人格。

三是多元化原则：在资料的编写上充分体现以学生发展为本的课程理念。根据学生的实际情况进行分层教学，在遵循共同的美育功能的前提下，鼓励教师对资料的教学内容有所选择,让教师根据不同教学条件实施二次开发。充分体现学生发展的需要,给不同类型的学生制定不同的发展方向,为不同程度的学生发展提供尽可能多的选择可能。

2. 美育课程的实践创新

学校在美育特色发展的过程中不断聚焦"敬贤、尚美、乐学、笃行"这一育人目标,以求更完善地诠释育人目标的内涵,适合香山学子更好的特色成长,满足其特色发展的需求。学校始终坚持开阔视野,打开思路,努力探索特色课程实践方式的灵活性和多样性。

如午间休闲课程,在"香山美育教学研究中心"的统整下,由信息中心带领德育团队和教研人员共同研究商定,利用午间休息的半小时,增设午间休闲美育课程。多层次,多渠道,立体化地传承和弘扬中华优秀传统文化,提升师生的审美素养。

根据师生推荐,结合各部门、各年级组、教师个人等的意见,围绕学校的育人目标,午间休闲美育课程版块设置为:敬贤篇(核心价值、传统文化等方面);尚美篇(人文素养、情感培育、心理健康等方面);乐学篇(励志成长等方面);笃行篇(探究创新等方面)。香山中学午间休闲课程播放都有记录(如表3-9),2020年已汇总印刷出《上海市香山中学午间休闲课程展录(敬贤尚美篇)》《上海市香山中学午间休闲课程展录(乐学笃行篇)》。

表3-9 香山中学美育系列课程——午间休闲课程播放记录表

播放日期	2019.5.6—5.31		推荐人(部门)			林琳、陆琬依	
视频题材类别							
核心价值 ①	传统文化 ②	人文素养 ③	情感培育 ④	心理健康 ⑤	励志成长 ⑥	探究创新 ⑦	其他____ ⑧
视频名称及题材归类		晓说《欧洲尽头爱尔兰》				②③	

视频简介	在整个西方诗歌界,爱尔兰占据着举足轻重的地位。这个文青必打卡的圣地,这个产生过无数诺贝尔文学奖的国家诞生了许多世界级文学家。 　　这个国家有5000多年的厚重历史,有着那么丰富的人文、音乐、美景和故事,却远居大西洋边上一隅,在欧洲的尽头自得其乐,喝着小酒唱着歌。日出日落、生息繁洐,随性自在数千年。 　　为我校6月14日爱尔兰周活动作全校推广;促进跨国文化交流,开阔学生视野。

上海市香山中学信息中心

(二)美育课程的组织管理

1. 组织建设

学校成立有"课程建设领导小组"和"课程中心"。"课程建设领导小组"以校长为组长,中层领导、教研组长为主要成员,具体负责学校课程的规划、管理与调整。"课程研发中心"以教学副校长为组长,课程处、德育处、骨干教师为核心,负责学校课程的申报、审定、实施、指导、考核、评价、调整等具体事宜。学校把课程建设列入学校常规工作日程,课程处、德育处、年级组、教研组积极组织,帮助相关教师制订课程规划,开展课程研发,落实课程实施。

2. 制度建设

为保证课程建设工作的顺利开展,学校进一步加强课程制度的建设,从规划制度、审议制度、实施制度、评价制度、监控制度、激励制度几个方面着手,建立有一套较为完整的课程管理制度。

课程规划制度:学校制订有科学合理的课程规划,作为学校课程建设的顶层设计,统领学校的课程建设工作。每个教研组在学年之初根据学校课程规划,结合本学科课程建设实际,构建学科课程群,从学科课程哲学、课程目标、课程群构建、课程设置、课程实施、课程评价、课程管理等方面撰写学科课程规划。

学科组长根据各年级学科设置情况,进行合理分工,组织学科课程骨干教师在寒暑假期间完成每门学科《课程纲要》的撰写,对开设的每门学科从课程简介、背景分析、课程目标、学习主题(列出教学进度,包括日期、周次、内容、实施要求)、课程评价等方面作出详细规划。每学期开学后,各学科组把学科课程规划、每门学科的《课程纲要》交到校课程中心进行审议。完善课程规划制度旨在力求课程规划的价值统一,逻辑一致,科学设置,确保学校课程的丰富性、适切性,提高各类课程的质量。

课程审议制度:课程审议的组织机构是学校的课程中心。每学期开学之初对学校的课程规划、各学科的课程规划、各类课程的《课程纲要》进行审核,提出完善和修改意见。审核的重点是各类课程的《课程纲要》,主要涉及审核课程开设的价值、课程目标和内容的科学性、课程实施的可行性、课程评价的合理性。审核完成后,形成书面意见,下达给学科组,学科组根据审核意见,对本学科课程设置进行调整,组织课程实施。

课程实施制度:从不同类型的课程实施角度出发(必修课程、选择性必修课程、选修课程),建立相应的课程研发、整合、实施、评价机制。立足学生角度,学校课程分必修和选修两大模块。必修模块主要包括学科必修课程和选择性必修课程,选修模块主要包括选修课程和社团活动。学科必修课程按照国家课程设置标准,开足开齐,选修课程利用学科课程时间进行规划实施。选修课程采用"四定一动"的模式进行。定时间、定地点、定教师、定学生,学生选课走班。

课程评价制度:任课教师要认真做好课程评价工作,对学生参与课程的学习情况做出适当的并能体现课程特点的评价。结合学生自评、互评、师评进行评价,并定期将评价情况反馈给学生和家长。课程处每学期要对各学科的研发、实施、评价、成果等进行综合评价,从学生、家长、社会、效益和学校规划及培养目标等多角度出发,对课程的进一步实施和开展提出改进方案。

课程监控制度:学校课程建设领导小组对学校课程实施的全过程进行调研和监控。通过听课、问卷、座谈、个别访谈等形式,从课程内容、教学过程、学习效果、学情分析等方面,全面分析该课程的实施质量和学生的认可程度,及时反馈,并为学校课程的后续研发与实施提供决策依据。

课程激励制度:学校从绩效工资中列出专项,对课程建设先进个人、优秀学科组进行表彰奖励。课程建设与教师年度考核相结合,发挥激励机制,充分调动教师参与课程建设的积极性和主动性。

(三) 美育课程发展面貌

经过多年的发展积淀,学校在办学理念、特色创建、课程建设、师资构建、资源整合等方面积累了符合自身特点的较为成熟的经验和运行机制,积极顺应由"美术"而向"美育"的转变趋势,紧密依托校本研修和教育科研,促成了课程发展的巨大潜力。

1. 清晰的办学思想

在课程的改革和发展中,学校紧紧围绕"立德树人"的价值导向,倾力协调进取的校园美育文化建设,坚持以人为本的理念,比照中国学生发展的六大核心素养,形成确立了"以美立校,立美育人"为核心的办学思想、以"敬贤、尚美、乐学、笃行"为特征的育人目标。在满足师生对美的内在需求的同时,促进了师生精神层面与美育精神的和谐统一。

2. 鲜明的特色定位

经过不懈努力,香山中学从建校初期,由单一美术学科特色发展的起步时期——"美之术"阶段,迈入以"丰富美育课程,强化美育功能,丰富审美体验,提升人文素养"为目标的美育特色稳步发展时期——"美之韵"阶段。再到"以全面创建美育特色学校"为办学追求的全景式美育特色创新时期——"美之魂"阶段。学校的特色定位日渐鲜明。建立特色教育体系,彰显大美育观,将美育融入教育的全过程,以美促德、以美启智、以美健体,全面推进综合素质教育正成为全校师生共同追求的理想信念。

3. 扎实的课程基础

学校立足基础型课程、拓展型课程、研究型课程三类课程标准,以校本特色课程——即"校本美术专业课程"和"校本美育专项课程"为龙头,从目标、课时、内容、教学、评价等相关要素着眼,分年级、分阶段实施课程设置。注重课程的专业性、普及性和审美渗透性,强调对学生"人文修养""探究创新""实践创新"能力的培养。目前,已形成涵盖高中三个年级 18 个门类的美术特色课程方案,开发有《大师起步》五册校本美术资料。校本美育课程"至德五常""美术漫谈""数字化美育速写创新课程",已累计创作超过 60 余节。《校本特色课程学分考核标准》等管理机制日趋完善。

4. 优秀的师资团队

努力建设一支"师德高尚、学养深厚、结构合理、特色鲜明"的美术专业师资队伍,是香山中学自建校以来始终坚持的方向。学校先后聘请知名专家教授、特级教师担任艺术顾问,组建了"领军人才发展导师团""大师指导工作室",应运而生了一大批适应"立美"教育需求的专业美育特色教师和专业美术特色教师。目前,学校拥有美术专业教师 10 人,高级教师 14 人,区级骨干教师 6 人,中高级以上职称教师占 61%。参加市区级专业技能评比、基本功大赛、书画展评等活动,荣获一、二、三等奖的有 20 人次。在学校特色创建中起到了积极的榜样示范作用。

5. 丰富的教育资源

"以美立校,立美育人"的香山理念,正由校内不断拓展至校外。市美协、区

美协、区名师工作室先后进驻校园,成立"书画教学基地"。发掘筹建的包括上海市博物馆、市孙中山故居、区妇幼保健院在内的"香山中学学生社会实践基地"10处。2018年,庄一弛同学凭借独具特色的本土曲艺表演及出色的绘画技艺成功入围"全国最美中学生"的评选。2020年,高二(1)班的黄盈盈同学、沈牧云同学的画作"爱心汇聚,同心抗疫"成为浦东新区教育局的宣传海报。香山学子以手中的画笔再次诠释了果敢担当的时代精神。

6. 充分的课程需求

通过对学生课程需求的调查,在喜欢和大部分喜欢学校开设校本课程占比为78.7%,比均值低了10.7个百分点,同时香山中学学生对校本课程内容有更高的诉求和指向,学生更倾向于艺术和科技类,课程的开设希望通过校本课程的学习让自己的特长得到发展。据调查,学生非常喜欢参加各类主题活动,如书画比赛、诵读比赛、艺术节、爱尔兰文化周、社团实践等。这都说明,学校的课程建设还有很大的发展空间。课程设置必须进行深度、广度的变革,必须符合当代中学生的发展需要,这为学校课程规划提出了新的挑战和思路。

(四)美育课程实施成效

香山中学以美术学科为特色,许多爱好绘画、追求艺术的学生都是慕名而来报考,但作为一所区实验性示范性高中,香山中学始终坚守着培养高素质的高中毕业生这一目标。所以,香山中学的高一学生是以初三中考文化学业录取成绩来平行分班的,不设立任何"美术特色班",学校注重学生学科的全面发展。为推进以美术学科为核心的美育特色,学校在高一学生每周38课时课程计划中,开足开齐国家规定课程,确保高质量的文化学业水平。在此基础上整合课程,安排2课时作为美术专业通识课,以提高所有学生的美育修养,再由学生自主决定是否喜欢美术学科、选择是否走艺术高考的道路。为了帮助每一位学生的成长,学校近年来注重各类大数据的收集整理,不断推进相关的研究,尽可能提升教学实施的科学性和实效性。例如,有《香山中学近三年高一新生美术特长生与非特长生情况统计》,并在 2018 年新学年开始组织"高一新生美术基础起点"数据排摸,将"有无美术基础"纳入数据统计项目。正是因为此项数据的统计,我们发现学校高一新生中越来越多是"无美术基础"的,甚至比例达到近50%。为此,学校美育教学研究中心从 2018 学年起,在高一年级试行的美术教学改革,推行"分科—分层"教学模式,根据学情制订不同层次教学目标和教学计划,实现教学的实效性,让每个学生都能获得不同程度的美育素养提升。

学校充分尊重每一位学生的选择,无论是坚定地走艺术类高考的道路,还是选择参加"力拼"文化类高考,每一位学生,都能得到学校的圆梦助力。

香山中学高三学生参加艺术类高考不仅美术成绩优异,文化学科成绩同样相当突出。香山中学高中三个年段,每年有近 5% 香山中学学生无美术学习意向。学校针对这 5% 的学生,在其他同学进行美术专业课授课的同时,安排学科老师进行小班化文化课的教学辅导。相关举措的推行,不但提升了学生的美育素养,也帮助了学生自信满满地圆了理想大学的升学梦,得到了学生、家长、社会以及教育主管部门的充分肯定和认可,在市区相当范围内赢得了极高的声誉和知名度。

第四节　美育课程的案例解析

学校以审美和人文素养培养为核心,以创新能力培育为重点,加强了"五美课堂"实践研究,积极探索符合美育渗透的教学模式,力求丰富学生的审美体验,开阔其人文视野,进而推进校本特色课程的有效实施。

（一）模式一："分科—分层"美术专项教学

在美术教学中,根据学情拟定不同层次教学目标和教学计划,实现教学的实效性,让每位学生都能获得不同程度的进步及认同感。

我们在高一新生入学后进行了普遍的学情调查,结果显示学生美术双基参差不齐,基础差或零基础的学生对美术学习有畏难情绪,缺乏自信。为此,我们制定了分科分层教学法。

分科,重新整合教学资源,打破以往一位美术教师定年级包班的传统。根据每位老师的专业特长,实行三个年级专项教学的做法,即教师按素描、色彩、速写分为三个备课组,分学科完善课程体系和课程目标,实行每位教师跨年级专项授课,克服了教学短板,使全体学生都能充分享受到最优质的教师资源,形成了横向及纵向结合的教学模式,发挥了教师资源优势的最大化。

分层,在分科的基础上,实行 AB 层教学目标和计划。每层分设三个班级,由老师指导与学生自选相结合等办法进行分班分层教学,并且 AB 层是开放式的、流动性的。有一定基础的选择 A 层班级,零基础或基础差的选择 B 层班。通过阶段性专业成绩考核,B 层可升至 A 层。我们把教学重点放在 B 层,在设置教学目标和采用教学方法上更注重兴趣引导,逐渐培养学生对美术的热爱,进而使其获得学习动力与自信。

（二）模式二："艺术—欣赏"美育渗透

香山探索以美术学科为核心,结合音乐、文学等课程方面的"艺术欣赏"美育模式。

1. 案例流程

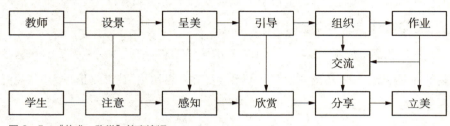

图3-5 "艺术—欣赏"美育渗透

2. 案例环节

教师方面：

第一环节为"设景"，即创设审美情景。

第二环节为"呈美"，即呈现艺术作品。这两个环节有时可以合并为一，因为有时审美化的"呈美"本身就营造了美妙的审美环境。

第三环节为"引导"，即点拨引导学生艺术欣赏。

第四环节为"组织"，即组织学生交流审美感受。

第五环节为"作业"，即给学生布置相应的作业，用以巩固和提高。

第四、第五两个环节有时可以只出现其中一个。

另外，有时作业仅指交流的内容，如读后感或写研究类的文章等。

学生方面：

第一环节为"注意"，即审美注意，这是起始阶段。

第二环节为"感知"，即对作品进入审美感知，以获得初步的印象。

第三环节为"欣赏"，即对作品进入欣赏体验阶段。

第四环节为"分享"，即分享同学包括老师的审美感受，以获得作品更多的审美价值等。

第五环节为"立美",它包括模仿美和创造美。

3. 案例分析

高一历史"长安一景"美育渗透,渗透美育主线较为清晰:从图文印证艺术的华美到艺术作品的史料价值,再到学生用画笔创作的整个过程,也是学生感受审美和再现历史的过程。历史与美育,各美其美,美美与共,相得益彰!(如图 3 - 6)

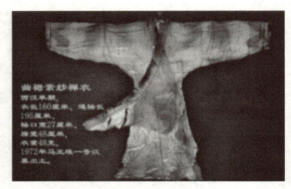

图 3-6　"艺术—欣赏"美育渗透示例图

（三）模式三："现象—规律"美育渗透

香山中学语文教研组一直把传承国学文化，引领学生回归国学经典，构建尚美的人格，作为语文教师的责任担当，在教学活动中运用探究的方式，总结其隐藏的规律，用审美的视角、审美的精神审视这一过程，构建了"现象—规律"立美模式。

1. 案例流程

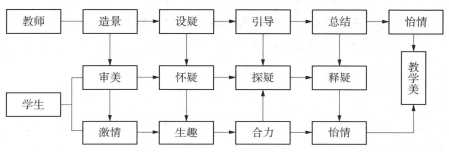

图 3-7　"现象—规律"美育渗透

这一模式由教师和学生"两个主体、三条线索"组成。

2. 案例环节

第一条线索为教师的导学过程,其主要环节有四个:

造景,就是通过审美化的手段呈现某一现象,并把学生引向审美。

设疑,就是从这一现象出发,提出问题,以引起学生的探究欲望。这是由审美视角移向科学视角的一步。

引导,就是引导学生探究所提出的问题。

总结,就是在教师、学生共同努力下,总结归纳出这一现象所体现的本质、规律。

第二、第三两条线索由学生展开。第二条线索中的"怀疑"是"怀想问题"的意思,其他环节一目了然,则第三条线索如下:

激情,就是由学生的审美活动而激发出愉悦之情,并生出求知的极大热情。

生趣，就是由教师提出的问题所激发的探究兴趣。

合力，就是由前面两个环节共同形成探究问题的动力。

怡情，就是指在教师的引导下，经过一番努力后，得到了问题的解答，获得了新知，而感受到成功的甘美，心情愉悦，并获得情意的提高和升华。

这一模式还可引申为"问题探究"立美模式，即把第一环节的所造之景变为某种问题情景，其余流程相似。可以说，问题情景本身常常也是一种审美情景。

3. 案例分析

图3-8　学生作品

"品诗中画，绘心中诗"是"诗与画的艺术"中的一次实践活动，教师以题画诗作新课引入，将一幅画不同的配诗作对比，引发学生思考、讨论，再让学生们自由选择自己喜爱的诗句，认真品味诗词中的意境，然后用自己的画笔描绘出了一幅幅心中的图景，尽情演绎古典文化的意趣情韵。

图3-8这幅江南水乡图是高二1班伍晓雨的作品，她选择的是白居易《忆江南》。时值春日，水面清澈明净正如诗中"春来江水绿如蓝"的描写，这是一幅

图3-9　学生作品

所有江南人心中永存的美景,真是"爱杀江南"!图3-9这两幅画描绘的都是杜甫的《望岳》,左侧画来自高二1班的庄一弛,右侧画来自高二2班的胡沁怡,两人在没有交流的情况下选择了同一句诗,真是英雄所见略同!庄一弛选择的黑白单色更贴近于古代的水墨画,细腻中带着豪情,飞流而下的瀑布又增加了画面的动感,山、水、树相应栩栩如生。胡沁怡在水墨画的基础上增添了色彩,初升的太阳照耀着山间云霭,秀丽壮阔的美景令人心旷神怡。

(四)美育课程发展中的重要因素

近几年,"基于美育课程体系的特色学校建设研究"取得了显著的成效,究其原因,概括起来有以下几个因素:

1. 处理好了美的静态与美的动态的关系

美具有静态与动态的二重性。

学科知识的美是稳定的、静态的、单向的、预设的美。它包括自然美、艺术美、社会美、科学美这四大类,具体还可细分为人格美、音乐美、绘画美、语言美等。

学科教学的美是变化的、动态的、双向的、生成的美。它包括内容美和形式美。具体有教师的仪表美、教师的人格美、教学的语言美、教学的内容美、教学的过程美、教学的情境美、教学的情感美、课堂的气氛美、教学的节奏美、板书的艺术美等。

学科知识美与学科教学美是相辅相成的。学科知识美借以学科教学美呈现,只有合适的静态的学科知识美,才能有完美的动态的学科教学美。所以学科美育渗透,首先要注重挖掘合适的学科美育因素,即学科知识美,其次是设计合理的美育途径、美育策略与美育方法等,即学科教学美。

2. 处理好了美的主观与美的客观的关系

美具有主观性和客观性。

美是客观的，因为美具有普遍性，美是无意识的，美育的对象，即课程和课堂等是客观存在的。

美是主观的，因为美没有绝对的普遍性，美也是有意识的，美育的主体，即教师和学生是主观能动的。

美的主观性和客观性是相辅相成的。客观存在的美需要美的主观能动，才能表现出来；美的主体（教师和学生）的主观能动美只有合适的美的对象（课程和课堂等）客观存在，才能表现出来。学校在美育历程里，通过不断完善制度管理等，引导与鼓励主体发挥自身的主观能动性，将主体自身以及课程和课堂的美，完美地表现出来。

3. 处理好了美的知识与美的情趣的关系

美具有知识性和情趣性。

美的知识性，是学生在学习中获得的美的认识（或经验）和技能。如语文学科美（认识或经验），语文学科美的表现（技能）等。这些是学生通过学习才能获得的美的认识（或经验）和技能。

美的情趣性，是学生在学习中获得的美的性情和志趣。如美的学习兴趣，美的学习态度（性情），将来成为一名画家（志趣）等。这些是学生通过学习逐渐产生的美的性情和志趣。

美的知识性和情趣性是相辅相成的。学校美育不仅是美的认识与技能培养，也是美的性情和美的志趣的培育。没有性情和志趣的美育，是没有发展前途的，更无从谈学校特色建设；没有美的认识（或经验）和美的技能培养的美育，是空洞无力的，更无从谈学生个性培养。

4. 处理好了传承经验与发展特色的关系

学校坚持传承与发展相结合，传承先进经验，发展学校特色。

学校美术特色课程始终坚持对基础不同的学生"因材施教"，为有个性有特长的学生"提供舞台"。美育特色课程始终坚持走"五美工程"之路（五美课程、五美课堂、五美学生、五美教师、五美教室），……，这些举措都是香山中学对已有的优秀成果和先进经验的传承。从美术特色到美育特色，从特色班级到全校普及，从区艺术特色到市艺术特色，……，是香山中学在传承基础上的深化和发展。

5. 处理好了美术特色与美育特色的关系

美术特色课程群和美育特色课程群是香山中学二大类美育课程群。

美术特色课程群是香山中学美育特色的基础，它为特色学校建设起到辐射和引领作用。作为学校的品牌学科，美术教学在香山中学已经形成了一套从自定大纲、校本资料到考试评价标准等行之有效的管理系统。

美育特色课程群是香山中学美育特色的深化，它为特色学校建设起到巩固和发展作用。学校新一轮的发展，拟在美术特色教学的基础上进一步发展美育特色学校。二大类课程群和四张美育特色课程表，较好地处理了美术特色课程与美育特色课程的相互关系，较好地处理了美术与其他学科的关系。从而保证了学生美术专业水平的提高，又重视了学生的文化课学习，为真正达到均衡全面的发展奠定了专业基础。

美育是审美教育，也是情操教育和心灵教育。正如中央美术学院首任院长徐悲鸿所倡导的，中华美育精神应该是《中庸》里阐述的"尽精微，致广大"。美育是教育孩子发现美、感受美、理解美、追求美、传播美，让美的精神融入日常生活；美育是以美育人、以文化人，让中华美育为文化自信筑基。

美育的根本目的是人格的养成、灵魂的塑造。因此，哲学家以诗意的语言说，"教育的本质意味着，一棵树摇动一棵树，一朵云推动一朵云，一个灵魂唤醒一个灵魂。"

美育教育虽然不是"药店柜台里的神药"，不能直接治疗一个人的生理疾病,但是,它却能治疗、消除、降低一个人的心理疾病,让原本丧失乐观、丧失追求、丧失憧憬、丧失意志、丧失奋斗的人,重新点燃起梦想,焕发出生命活力。犹如"春醒"让枯萎的树木生发出新枝,生长出茂盛的树叶,净化空气,美好环境,实现树的真正价值。美育具有艺术治疗的独特功能,能够实现"以美养眼、以美养脑、以美养性、以美养情、以美养心、以美养品"的效果;能够让一个人富有生活情趣、富有美好追求、富有传递生活美、社会美、时代美的亲和力、向心力、表现力与创造力、传播力。

为此,塑造新时代学生的美好心灵,需要各学科教师的齐心协力,树立全科式美育、全员式美育的美育课程观、教育观、教师观、教学观,进一步探索优化学科渗透美育教育、润泽学生心灵的新思路、新策略。尤其在"教学课题设计、教学情境创设、教学问题设计、数字技术应用、教师现场示范、学生创作实践、作业展示交流、拓展延伸总结"等方面需要加强创新实践研究,用教师的先进思想、教育智慧、创意思维、创新能力与责任担当去践行新时代的美育教育工作,让香山中学的美育教育绽放"以美立校,立美育人"的教育光芒。

/ 第四章 /
美育教学突出美的吸引力

　　香山中学美育课程体系建设以美术课程为龙头，以审美和人文素养培养为核心，以创新能力培育为重点。突出课程的多样性和选择性，注重学科相互渗透融合，重视美育基础知识学习，强调课程的综合性和实践性，丰富学生审美体验，开阔学生人文视野，进而推动各类课程有效实施。

第一节　教学思维增强美育效能

（一）教学思维的理论维度

美育特色建设离不开对建构主义的理解。建构主义是一个庞大的演进中的理论集合。它虽然源自哲学，却衍生出了建构主义的学习理论，这无疑对美育教学思维有着极大助益。建构主义学习理论认为，学生的学习发生在新旧知识的联结过程，通过创设情境，教师引导学生自主建构知识，理解价值。大美育人的理念就落实在课堂教学"五环节"中，营造"塑造学生美好心灵"的美育课堂里。

首先，我们积极创设课题环境，以"题"生情。"题"能夺目，"题"能促思，"题"能生情。课题，是一节课浓缩的精华，是教学内容的一张名片，是诱发学生学习兴趣的聚焦点。实践表明，一个富有情趣、人文、新颖的课题，会瞬间吸引学生的兴趣、关注、热爱、心向、探究，能培养学生向上、向美、向真、向善的心理追求。

课题，如同围棋中的"活眼"，体现着一盘棋中的战斗力、生命力。良好的开头，是成功的一半。扣人心弦的课题，是一节课获得教学成功的基本点。因此，教师应该精心设计课题，学会"用资料",而不是"教资料",要善于基于"课标精神、学生基础、教师特长、学校条件"等教学因素,因材施教,备学生喜欢的、乐于学习的、教师善于教的教学设计。要对现有资料进行二度处理、再创造,精心设计课题中的"兴趣点""情感点""动情点"。只有这样,才能"放飞学生真情,塑造学生美好心灵",切忌不加思考、不加处理地做资料的"拿来主义者",照抄"课题",简单"演戏"。下面几则课题,对原课题名称进行了二度创造,凸显了课题中的"情感点""创意点":

1. 由"线条练习"改为"画出有情绪的线条""线条牵我去散心"
2. 由"笔墨练习"改为"笔墨游戏""笔墨游心"
3. 由"色彩练习"改为"画有情绪的色彩""画会唱歌的色彩"
4. 由"给自己画个像"改为"画有表情的我""画说表情包里的故事"
5. 由"人物动态"改为"难忘的星期天""在古镇前留个影"
6. 由"盖新房"改为"我为家乡造楼房""我们去月球建家园"
7. 由"标志设计"改为"我为学校画标志"
8. 由"江南民居"改为"画我心中的江南民居"
9. 由"写生校园"改为"写生校园里的伟人"
10. 由"写生阿姨"改为"我给保洁阿姨画个像"

上述课题折射出了美术学科教学的人文性精神,凸显了"以文化人,以文育德,以文育人"的教育作用。因此,一节课的课题设计要避免赤裸裸的纯知识技能的概括与呈现,碎片化地强化学科知识与技能训练与应用表述,而应该以"立德树人"与"大概念"的教育思想、教育理念去精心设计具有情趣性、文化性、思想性、创新性的教学课题。以"课题"诱发学生的情感释放,以"课题"滋养学生美好的心灵。

课题设计,要"像诗人一样的思考、推敲",要"像烹饪大师设计菜名一样的想象、设计"。思想性、人文性、专业性、趣味性、创新性是课题设计的关键因素,课题集聚了教师的专业素养、思想素养、创新素养、教学素养、跨界素养,一个富有思想性、人文性、趣味性的题目,能瞬间引起人们的情感变化,引起心灵的共鸣、共振,促发精神生命的成长。

其次,基于建构主义的学习理论,我们还要努力创设课堂情境,在情境中创设知识生成的机会。"境"能激趣,"境"能促思,"境"能生情。情境创设是诱发学生情感变化的前提、催化剂,良好情感的培养需要得到外部环境的支持、创设与搭建。因此,良好的情境创设,是有效落实美术学科核心素养的重要基础,美术课堂教学中的情境创设大致可归纳为以下几种策略:

1. 利用数字技术,创设情境

2. 利用教师示范,创设情境

3. 利用诗歌文学,创设情境

4. 利用师生表演,创设情境

5. 利用视觉留白,创设情境

6. 利用物象呈现,创设情境

7. 利用音乐烘托,创设情境

8. 利用问题提出,创设情境

9. 利用走进大师,创设情境

10. 利用走进生活,创设情境

以情动情,以境生情。情境是生发情感的催化剂、活源头,良好的情境创设,能够让学生从最初的"要我学",变为"我要学"。能够由强迫性的填鸭式的知识技能学习,变为愉悦性、自主性、探究性、精神性的学习,变为向上、向美、向真、向善的学习,变为滋养心灵世界的学习。

最后,我们在情景中要提出一系列问题,引导学生积极思考。"问"能引思,"问"能深解,以"问"生情。问题是诱发学生发现、探究、思考的重要抓手,层层推进的人文性问题的设计与实施,有助于引发学生情感的波动,促进其思想情感表达与美好情感的升华。

例如,"我给保洁阿姨画个像"的教师提问设计:上课伊始,教师在 PPT 中呈现罗中立的《父亲》,提问学生,这是一幅什么画? 它表达了什么? 老师很欣赏这幅画,因此,给自己的母亲也画了一幅画,在这幅画中,老师想表达怎样的情感? 今天,是母亲节,为了感恩母爱,老师给母亲画了一幅画……学生的情感得到培养后,接着,提出了以下追踪性的问题:

1. 我们美丽的校园是谁打扫干净的?

2. 你们平时关注过她们吗?

3. 保洁阿姨与你们的妈妈、阿姨在穿着上、发型上、肤色上、表情上,有什么不同?

4. 这些不同的特点,是什么原因造成的?

5. 现在你们对保洁阿姨有怎样的看法?

6. 你将怎样感谢、感恩保洁阿姨的辛勤劳动、无私奉献?

7. 你用怎样的速写语言表现保洁阿姨的朴实、善良、勤劳品质?

8. 通过观察、写生保洁阿姨后,你是否懂得了尊重他人、关爱他人,人人为我,我为人人的道理?

又如:"我为'进博'造大门"一课。上课伊始,教师播放了一则数字化速写微课,请学生带着以下问题去观看微视频:

1. 微视频中的这个人在做什么？

2. 为什么他们很喜悦、在微笑？

3. 他们的喜悦、微笑来自于哪里？

4. 画面中的背景是什么？

5. 他们为中国首届"进博会"的顺利召开,做了什么？

6. 你是从哪些方面看出来的？

7. 我们同学怎样为进博会做贡献？

8. "进博会"还需要添加什么？

9. 你们怎样为"进博会"设计漂亮的大门？

10. 设计"进博会"大门的要注意些什么？

问题是诱发学生思考的源头,没有问题的教学,是没有思维、没有情感、没有生命的课堂。环环相扣、层层递进的"问题"抛出,能够激活学生的思维。而人文性、思想性的问题,更能够引发、生成学生丰富的思想与情感表达。因此,人文性、思想性的问题设计显得十分重要和必要。人文性、思想性问题的设计,需要"以情动情""以问生问",采用"连接性、递进性追问"——向学生抛出生活性、趣味性、思想性、深刻性、教育性的问题会起到扣人心弦的思考效果,有利于培养其健康的思想情感与美好追求。

(二)教学思维的价值维度

我们在关注建构主义学习理论的同时,同样需要关注育人的实际效能。美术特色教学区别于特别教育,在重视美术基础课程的同时强调培养每个学生的人文素养与艺术素养。通过艺术教育潜移默化地引导学生树立健康的审美观和正确的人生观。为学生的将来打下良好的人文素养与艺术素养基础。

美术教学设计是为了满足学生潜能的发挥,极大地调动学生对美术学习的兴趣。在拓展型课程与探究型课程中开发学生的艺术潜能,运用多种评价标准来肯定与发现学生的艺术素养,在学生自主选择中使潜能得到发挥。美术特色课程的制定是为了培养每位学生的美术专业能力,在美术特色基础课程中达到一定的专业能力与艺术素养。在普及与提高的关系中注重每位学生的专业基础,培养美术专业能力,使特色教育真正面向大多数。

美术教学是在文化、艺术背景下开展的人文艺术学习活动。重视学习中外优秀的文化艺术传统,在多元文化中了解美术的特性,并且通过对美术知识技能的掌握来认识它的本质规律。在健康、愉悦的艺术氛围中陶冶情操和增加审美体验,进而获得健康的情感体验与人格的升华。美术教学设计通过学生眼、脑、手健康协调的发展来达到知、情、意的完美统一,通过对工具、材料的感知与应用,培养学生解决实际问题的能力。充分运用多种媒介、多种课程开展美术创造,促进学生创造潜能的开发,培养其创新思维与创造精神。美术教学重视普及与提高的和谐发展,提供丰富多彩的教学方法,使学生在认知领域及美术专业领域都能得到发展。美术特色教学方法的探究有助学生的可持续发展,符合社会对美术专业人才的需求。

在美育教学中,教学内容主要涉及艺术、科学、生活等六大类主题情境,《中国学生发展核心素养》的 18 个指标。

第一是审美能力,领悟生命美好。对应以下 3 个核心素质指标:首先是审美情趣(具有艺术知识、技能与方法的积累,具有发现、感知、欣赏、评价美的意识和基本能力,具有健康的审美价值取向),如"艺术欣赏通识"。其次是珍爱生命(理解生命的意义和人生的价值,进而使之具有安全意识,养成健康文明的行为习惯和生活方式等），如《中国古典诗词艺术鉴赏》。最后是健全人格（具有积极的心理品质，自信自爱，坚韧乐观），如"美从何处寻""戏曲"。

第二是文艺一体，拓展人文视野。对应以下 3 个核心素质指标：首先是人文积淀（具有人文领域基本知识，能理解和掌握人文思想中所蕴含的认识方法和实践方法等）。如"国学之美""诗与画的艺术"。其次是人文情怀（具有以人为本的意识，尊重、维护人的尊严和价值；能关切人的生存、发展和幸福等），如"大师起步""戏剧"。最后是国家认同（具有国家意识，了解国情历史，认同国民身份；具有文化自信，尊重中华民族的优秀文明成果），如"中国山水基础""书法""对联创作""国画"拓展课。

第三是艺术想象力，拓展创新意识，提升创造力（具有创意表现的兴趣和意识，能在生活中拓展和升华美）。对应以下 3 个核心素质指标：首先是勇于探究（具有好奇心和想象力；能不畏困难，有坚持不懈的探索精神；能大胆尝试，积极寻求有效的问题解决方法等），如"瓷板画"、创意实验室课程。其次是技术应用（具有学习掌握技术的兴趣和意愿，具有工程思维，能将创意和方案转化为有形物品或对已有物品进行改进与优化等），如"新媒体艺术""摄影课程"。最后是问题解决（善于发现和提出问题，有解决问题的兴趣和热情，能依据特定情境和具体条件，选择制订合理的解决方案），如"艺术创意思维""雕塑""3D 造型""电脑建模""数码影像"。

第四是艺术多样性，塑造开放性思维（能理解和尊重文化艺术的多样性）。对应以下 2 个核心素质指标：首先是批判质疑（具有问题意识；能独立思考、独立判断；思维缜密，能多角度、辩证地分析问题，作出选择和决定等）。其次是健全人格（有自制力，能调节和管理自己的情绪，具有抗挫折能力等）。如"油画""中国花鸟基础""版画"。

第五是国外艺术，拓展国际视野（理解人类命运共同体的内涵与价值等）。

对应以下 2 个核心素质指标：首先是国际理解（具有全球意识和开放的心态，了解人类文明进程和世界发展动态；能尊重世界多元文化的多样性和差异性）。其次是国家认同（具有文化自信，尊重中华民族的优秀文明成果），如"中西方美术史掠影"。

第六是中外比较分析，扩展科学理性（崇尚真知，能运用科学的思维方式认识事物、解决问题、指导行为等）。对应以下 2 个核心素质指标：首先是理性思维（能理解和掌握基本的科学原理和方法；尊重事实和证据，有实证意识和严谨的求知态度；逻辑清晰，如"版画""浮雕"）。然后是信息意识（能自觉、有效地获取、评估、鉴别、使用信息；具有数字化生存能力，主动适应"互联网＋"等社会信息化发展趋势），如"创意面具"。

教学思维的发展将伴随学校美育建设的全过程，每一位教师教学理论知识的提升都将有益于实际教学水平的改善。通过理论与实践、事实与价值的有机融合，我们坚信未来的美育建设发展将会迸发出更大的活力。

第二节　教学方法催化美育动力

教学方法不仅是一门科学，更是一种艺术。这是能够催生师生情感、价值、知识传递效率的艺术。在课堂的每一个角落里都潜藏着教学方法的影子。从学校办学理念、培养目标和美术办学特色出发，本着有效利用现有教育资源和开发新教育资源，依靠本校教师和专家、领导、家长共同开发的原则，筹划具有香山中学特色的教学方法体系，以体现个体差异，全面育人的发展宗旨，为学生提供品德形成与人格发展、潜能开发与认知发展、身体与心理发展、艺术审美、综合实践等多方面的学习体验。

（一）传统教学方法

首先是讲座法。讲座法一直是被看作传授知识的主要教学方法，同样也是校本课程重要的教学方法之一。香山中学开设"美育系列讲座"，其目的就是通过讲座更多更广地在全校范围内普及美育知识。从 2008 年至今，香山中学已开设《何为美育》《如何欣赏美术作品》《文学作品中的美》《历史中的美》《书法作品中的美》《形式美的基本法则》《古代山水画中的美》《祖国语言文字美》等多场讲座。

香山中学的美育讲座分三种类型：其一是师生共同参加讲座，如《美·美学·美育》（主讲人为复旦大学教授、美育专家蒋国忠），让师生一起近距离与大师分享他的思考和研究，这无疑可以激发学生对美育的求知欲；其二是教师校本研修的美育辅导报告，校内外对各自领域美育有见解的资深教师纷纷走上讲台，内容不可谓不精彩。每次讲座学校均派专人录像，一则作为资料保存，二则作为学生美育系列讲座一部分，利用专题教育时间放给学生看，如《形式美的基本法则》《古代山水画中的美》；其三是作为《美从何处寻》美育读本的学生辅导报告，几位编者从各自领域解读美育所进行的专题报告，如《如何欣赏美术作品》《文学作品中的美》《历史中的美》《书法作品中的美》等。让编者与读者对话，能更好地让学生融入其中，增强了教学效果。

第二是视听法。视听法常常作为其他校本课程教学的辅助手段，其实它本身也是一种校本课程的教学方法。香山中学开设的"经典电影欣赏""电影音乐欣赏"2 门校本选修课程，就是充分借助信息技术的迅速发展给校本课程教学带来的新途径，在课内课外全方位地提高学生审美能力。

首先在课内，多种感官并用的视听教学法，生动、形象、感染力强，能引起学生对所学内容的兴趣；不受时间和空间的限制，多方面展现相关审美元素，使学生在潜移默化中提升审美素养，同时也可以使教师更好地适应学生的个体差异,助力不同审美情感水平的提高。

其次在课外,"经典电影欣赏""电影音乐欣赏"校本课程要求学生展开小组活动,通过上网、制作录音、录像、视频等方式收集整理校本课程的相关素材,使其能从寻求美的过程中主动感知美,体验美。

第三是活动法。活动法是一种用途广泛的校本课程教学方法,相比而言,它最适用于学习知识。活动法的主要特点在于要求对在立美校本课程过程中出现的问题或者依据有关材料提出问题做出回答。活动法是教师与学生之间、学生与学生之间、学生与小组之间、小组与小组之间的双向对话交流过程。

教师要事先布置活动的题目,收集有关材料,精心设计活动的过程,把握活动的进度,引导活动的方向,鼓励人人参与活动。活动法的教学资源主要包括书籍、黑板、视听资料、视听设备等。

活动法可以培养学生运用概念、组织知识和归纳总结的能力,也可以培养学生人际交往的能力,更可以培养学生独特而又敏锐的品美、赏美、仿美、创美的能力。在审美活动中感知美,用语言去描述美,让同伴去分享美,这就是活动教学为学生审美素质提升所带来的美的教学过程。

(二)教学方法创新

除了传统的教学方法外,学校持续进行了适合当代学生特点的教学方法创新。

美术特色课程的教学策略中,教师重视美术欣赏的作用,深入细致地分析美术作品中的形式因素,加深绘画语言的理解,重视中外美术史上的辉煌成就,从而使学生热爱艺术,尊重艺术。通过操作提高其兴趣。实践操作应循序渐进,在操作中培养学生的成就感,逐渐提高学习美术的热情,达到学生主动学习的目的。多种形式的评价，就是为了激励学生的自尊，培养其健康、健全的人格，而进行的有价值的教学活动。

首先，通过积极引入新技术，激发学生的学习热情。"技"能引趣，"技"能育智，"技"能生情。数字涵盖着世界，改变着人们的思维方式、生活方式、工作方式，也丰富着人们的情感交流方式。数字化教学，以其独有的技术手段刺激着学生的各种感觉器官，促进着学生自身学习活动方式的改变，增进了学生情感表达的丰富性、多样性。如慕课、翻转课堂，尤其是 VR 等技术应用于中小学美术课堂教学中，更让学生有了身临其境的感受，生发了学生的情感释放。另外，信息技术应用于美术教学，也极大地诱发了学生的好奇心、探究心，为学生提供了丰富的审美体验与情感表达。

譬如，"共'奏'都市交响乐""像梵高大师一样的创作都市风景"。上课伊始，教师播放了"美育大师"课程中的数字化"梵高的魔法星空"翻转课。

> 导言：梵高爷爷是荷兰很厉害的一位艺术家，梵高生活很贫穷，但是他很热爱生活，热爱画画，画了很多作品。现在让我们一起学习梵高爷爷画星星吧！梵高爷爷特别喜欢看星星，经常一个人孤单地在野外看星星，他把月亮和星星画得那么亮，是因为觉得星星是在黑暗中有希望。梵高爷爷善于用各种深浅不同的蓝色画出了夜晚的天空，用明亮的黄色画出了星星和月亮。蓝色和黄色，色彩鲜明，对比强烈，给人一种激动不安的感觉。黄色和蓝色是特别强烈的对比色。地球是蓝色的，世界上最美的蓝色是位于爱琴海畔的希腊蓝顶教堂……小朋友找一找，你们周围的黄蓝对比色吧！小朋友，你们觉得梵高爷爷的魔法神奇吗？天空是涌动的，地面是平静的……
>
> 作业要求：学习梵高爷爷的魔法，尝试画一幅会动的星月夜，表达自

己的思想和情感。信息技术让美术教学如虎添翼，促进了我们构建"未来中小学美术教育"的教育思想，助推了我们建构"塑造学生美好心灵"的美育课堂。以技激趣，以技引思，以技生情，以技增效，以数字化技术促进学生获取更多的审美体验、释放更丰富的情感体会。

其次，通过教师示范，引导学生情感表达。"示"能塑美，"示"能亲师，"示"能育人。"术"是美术教师的基本特征、造型基本功，"术"是美术教师现场开展示范教学，诱发学生生发情感的重要本领。教师的现场示范，体现出美术学科教学的特色，凸显着美术学科教师的艺术形象，助推着"亲其师，信其道"教育情境的达成。美术教师现场精彩的示范，能够瞬间将学生引入一个精彩的图像世界，激发学生学习的兴趣，诱发探究、创造的热情，帮助学生更好地理解造型艺术过程与方法，提高造型艺术表现力、创造力的重要教学手段。

譬如"我给听课老师画个像"一课的教学片断——

上课伊始，教师快速地在黑板上，寥寥几笔，画出了一个智者的头像。

师：老师画了什么？画了谁？

生：老师画的是一位男教师。

师：老师画了哪位男教师？

生：是这位年长的男老师。

师：你是从哪些方面判断出来的？

生：高高的额头，稀少的头发，高鼻梁，尖鼻子，长长的眉毛，八字形的胡子，戴着眼镜……

师：对！老师画的是这位张老师，他是我的导师，他的形象特征很鲜明,那么,谁能够说说,瞿老师抓住这些特征的刻画,想表现他怎样的性格和精神气质?

生:老师通过这些鲜明的特征刻画,能够让我们感受到模特儿的睿智、慈祥、亲和、善良……

师:说得真好!老师抓住张老师的形象特征来刻画,主要想反映他的内在性格、思想和精神气质。画画的功能之一,就在于发挥"以画写心、以画抒情"的作用……今天,我们教室里来了许多听课老师,他们的形象都很有个性、很有特征,很入画,你们想不想给这些可爱的客人老师画个像,表达我们的感谢之情呢?

教师利用精湛的速写示范,将学生引入一个精彩的图像世界,并以问题为抓手,促进学生思考、探究,点燃学生向上、向美、向真、向善的情感。

精湛的教师示范,能够瞬间创设精彩的教学情境,培养学生良好的学习情绪,拉近师生距离,激活其思维,活跃课堂的气氛。同时,通过对特征形象刻画与模特本人性格、思想、气质表达之间的探究与说明,让学生懂得了"以画写心,以画抒情"的作用,激发了学生对智者的崇敬与爱戴的情感。

再次,通过积极练习,提升了学生的知识理论基础。"练"能促思,"练"能醒悟,"练"能生情。"术"是美术造型的特征,无术不能塑美,无美难以润心。《基于核心素养有效落实的美术鉴赏"六步曲"教学研究》一文中指出:注重学生的构思创作、审美实践,能够加深对大师经典作品的理解,能够有效落实美术学科五大素养,"像艺术家一样的思维、一样的创作",用手中的画笔,表现生活美、人间美、时代美,传递社会正能量。

譬如"画我眼中的江南民居"一课中的作业设计、学生创作表现。教师将堪称"神联"的对联出示给学生:上联——若不撇出终为苦,下联——各能捺住即成名，横匾——撇捺人生。引导学生品读、剖析对联的内涵、哲理和美学思想。紧接着，教师请学生收看吴冠中的"江南水乡"风景系列，引导他们探究画面中点、线、面构成的特征与规律，进而让学生自主发现吴冠中先生是基于江南民居的"人字形"结构和"人"字的撇捺笔画的相似性，用迁移性思维方式，融入江南水乡民居的创作表现。

为了加深此知识的理解与灵活运用，教师让学生用"人"字形的撇捺笔画，用借物抒情、托物言志的意象表现方式，表达做人的态度，创作出"我眼中的江南民居"，学生用撇和捺的笔画，勾勒民居的房顶，用横线画出马头墙，用粗的竖线画出门和窗，注重房子前后疏密的对比……这样一幅幅形简意赅的水乡作品便跃然纸上了，学生"像吴冠中一样创作"，思维迁移、知识融合、创意表现、水乡情怀等各方面都得到了培养。

　　学生感言：今天的美术课很让人兴奋，瞿老师给我们讲解了"2017年最牛的对联"，这幅堪称神联的作品包含着丰富的人生哲理，让我学会了用辩证法看待生活中的各种问题。瞿老师教我用软笔，用撇捺的基本笔画，创作江南水乡小品。我一直喜欢吴冠中的作品，今天居然用如此简单的方法，完成像大师一样的作品，这真是太棒了！"牛联"教会我用积极的态度面对人生，用智慧画出自己精彩的人生画卷。

实践创作、创意表现，"像大师一样创作"，能够更好地发展学生的想象能力、创意思维、创造能力，用创作表达思想与抒发情感的同时，加深了学生对大师作品内涵的进一步理解。

然后，通过欣赏著名作品，培养学生美的鉴别力。"展"能养眼，"展"能育智，"展"能生情。展示评价是美术课堂教学的重要环节，也是及时检测学生学与教师学的情况的重要抓手,展示评价不但能检测到学生对学科知识技能的理解与掌握应用情况,还能够测评学生的情感、态度价值观的变化。譬如"我给保洁阿姨画个像"一课的学生作品展示评价。

　　学生 E 感言:今天的美术课很有收获,我分别学习欣赏了罗中立的油画作品《父亲》,瞿老师的速写作品《母亲》,感受理解了画家和老师笔下平凡的劳动人民的形象,我还第一次尝试用全炭的绘画工具,用线面结合的技法,线条的运行略加顿挫,用略加夸张的手法,较好地表现出眼前:老气苍老、皮肤粗糙、光亮黝黑、头发里略有灰尘的保洁阿姨形象和气质。在今天的美术课之前,我几乎没有真正关注过她们,一直心安理得地享受着整洁干净的校园环境,我有时还轻视过她们,现在回想起来,内心真是惭愧。因此,对我而言,今天的收获远远超过速写技艺的掌握与应用,更可贵的是,瞿老师通过人物速写的教学,让我从此学会了如何要观察、理解、尊重、帮助身边人的做人哲理。

　　学生 F 感言:在今天的美术上,瞿老师带领我们一起欣赏了罗中立的《父亲》作品,课堂上伴随着老师的讲解,我被大头像的作品震撼了。罗中立用超现实的绘画技法,精细入微地表现了一位农民父亲的形象,而瞿老师为自己的母亲创作的肖像画作品更让我深深感动,透过画面,我感受到的是中国广大社会底层劳动人民勤劳、善良、坚强的高贵品格,最朴实无华的外表下却处处闪烁着劳动人民人性的光辉。在课堂实践环节中,我生平第一次这样近距离地观察着校园中的保洁阿姨,用速写的绘画方式,线面结合的技法刻画表现长期辛勤工作下那张疲倦、沧桑的脸容,这是我第一次这样全身心地仔细观察对象、表现对象,心在怦怦地跳动,这是我付诸感情的作品,我想,学画画的真正意义也就在于此吧!我要感谢瞿老师,我突然"长大了",你让我对美术的学习,从此又有了新的认识和追求。

展示、交流、评价,是美术课堂教学不可或缺的重要环节,新颖性、多样性、指向性的学生作品展示评价,有助于获得多元化的价值取向,尤其是能够及时了解学生创作过程中的情感、态度价值观的变化,有助于检测美术学科教学对学生"心灵滋养"的成效,以及反思调整"立美育人"的路径、策略。

最后,通过引申拓展,拓宽学生的视野广度。"拓"能延伸,"拓"能跨界,"拓"能生情。拓展、延伸、总结、提升是丰富教学内容、提升主题思想的重要环节。因此,课尾的拓展、延伸、归纳、总结、提升,显得尤为重要。精彩的拓展延伸、归纳总结,能够起到"画龙点睛"的教学效果。

譬如"画画马的成语"是一节"造型·表现"领域的美术创意课。教学中,教师以"口诀"为抓手,以体验为手段,以画成语内容,以画说精神为核心。教师设计:"做马的动作"——"做马的叫声"——"说马的成语"——"讲马的精神""四环节"达成教学目标。

画马"口诀"

观察马形,抓特征;

定好两圆,画身体;

位置不同,形各异;

弯弯背脊,鼓肚皮;

粗壮脖子,飘鬃毛;

梯形头像,竖耳朵;

前后四腿,大接小;

长长尾巴,像辫子;

潇洒姿态,草上飞。

拓展延伸,总结提升:

马是我们崇敬与喜爱表现的动物。画家画马,文人写马、伟人骑马、马术人驯马,雕刻家雕马。历代与马相关的名作、故事、传说不计其数。

徐悲鸿画《骏马》、九方皋相马、韩幹(唐)《牧马图》、李公麟(北宋)《五马图》(局部)、黄胄(近代)《驯马图》、《昭陵六骏》。马是人类的好朋友,马是一种文化,马是一种精神,马的精神自古以来融入于我们人类的生活中、工作中。

今天,同学们借用"口诀"要领,画出了千姿百态的马的形象,说出了马的成语故事,感悟到了马的勇敢、顽强、拼搏、进取、向上、忠诚、善良的精神品质,希望马的品质与精神在新时代里,更好地融入到我们的生活中、学习中。

由此可见,教师课尾的拓展、归纳、总结、升华,有效培养了学生跨界、融合、变通的学习观,丰厚了课时的教学资源,深化了教学主题,彰显了美术学科"塑造学生美好心灵"的教育功能。

第三节　教学评价推动美育质量

香山中学美育课程体系建设以美术课程为龙头,以审美和人文素养培养为核心,以创新能力培育为重点。强调课程的多样性和选择性,注重学科相互渗透融合,重视美育基础知识学习,强调课程的综合性和实践性,以利于丰富学生的审美体验,开阔学生的人文视野,进而推动各类课程有效实施。

从学校课程管理与评价看,既往的侧重点一直放在对学科基础课程的管理与评价,而对学科拓展课程和活动课程的管理和评价仍处于自发状态,尚未形成科学有效的管理评价体系。评价体系与学生核心素养之间的匹配度还不够紧密。评价范围较为狭窄,未能扩展至学生、家长、老师等多元评价领域,评价流程需要优化。"五美学生评价体系"的内容偏重于学生行为规范基本素养的评估,健康美、创新美、和谐美的评价指标有待更为具体的内容加以充实。学校课程评价体系的改善还需在学业评价方式、学生自主评价、过程性评价方面下足功夫。

(一)对课程本身的评价

教学评价以开发与实施过程为主线,以学生发展为目的。围绕学校"以美立校,立美育人"办学理念和学校"敬贤、尚美、乐学、笃行"的育人目标,既关注共性发展,又关注个性兴趣特长;既关注学习结果,又关注学习过程;既关注学生学业水平,又关注学生的品德发展和身心健康。

学校的教学评价包括对课程本身的评价、学生评价、教师评价三个方面。

对课程本身的评价包括课程意义评价、课程目标评价、课程内容评价、课程标准评价(见表4-1)。

在课程评价中,根据"五美课堂"的内涵特点,学校从教学设计、教学过程、教学语言、师生关系、教学成效等方面,制定有"五美课堂"评价标准(见表4-2),引领课堂发展方向。

"五美课堂"的评价方式主要通过学科组集体备课、课堂观察、主题教研、学生评教、教学展评等方式来进行。

"美育类课程"旨在打造动态课堂,促进学生勤学善思,从而落实"敬贤、尚美、乐学、笃行"的课程理念。"美育类课程"的评价着眼于艺术审美、潜能开发、人格发展方面。课程设计根据国家课程标准体现明晰的目标、严谨的逻辑、递

表 4 - 1　课程评价表

评价项目	评 价 内 容	分数	得分
意义	结合当前的社会背景,具有时代意义	5	
	结合香山中学的办学特色	10	
目标	总目标符合学校和学生实际	5	
	与学校教学理念及校本课程理念一致	10	
	清晰阐述三个维度目标	5	
	考虑到学力分层的因素,贯彻因材施教原则	5	
内容	围绕课程目标组织,能够促进目标的达成	10	
	适合授课对象	10	
	现实性和可行性,学校能够提供条件	10	
	计划具体到每一课时	10	
评价	有明确的计分方式和评价标准,可操作	20	
综合评价		100	
课程领导开发小组评审意见	签章　　年　　月　　日		

课程评价表 90 分以上为"优秀",80—89 分为"良好",60—79 分为"合格",60 分以下为"不合格"。凡是合格以上等级的课程下学期才允许继续开设,"不合格"的课程需要重新修订。

进的序列、科学的编排。教师评价着眼于课程规划与设计、课程实施、教学方案、组织能力、课程评价。学生评价既重视学习结果,更关注学习过程,保护、发展学生的个性特长,促进学生的全面发展。"美育类课程"的评价主体包括学校评价、学科组评价、教师自评、学生评价,评价形式根据学科特点进行纸笔测试、成果展评等。目前,已形成了一批具有代表性的立美学科。

经过多年的实践探索,学校在立美学科的建设方面,积累了一批受学生欢迎、在区域层面有影响力的美育精品课程,涉及自然、社会、艺术等多个领域,开设的 18 门学科美育渗透课中有艺术类教学,如书法和中西方美术史对比。有

表 4 - 2　"五美课堂"评价表

评价项目	评　价　标　准
教学设计精当美 （35 分）	1. 教学目标明确、具体、适当 2. 教学步骤详略有序 3. 教学内容正确充实，凸显学科内涵，突出重点、难点 4. 重视学法指导，教学手段灵活、多样 5. 问题设计有明确指向，有思想基础和思考空间 6. 情境创设鲜活生动、贴近生活 7. 重视信息技术与学科整合，课件画面有美感
教学过程优化美 （20 分）	1. 课堂导入自然、流畅、新颖 2. 发挥教学机智，注重细节处理 3. 教学节奏调控有度，组织安排合理 4. 关注学生学习需求，激发学生学习兴趣，培养旺盛的求知欲
教学语言艺术美 （15 分）	1. 注重语调，抑扬顿挫、吐字清晰，快慢得当 2. 用词准确、简洁、生动 3. 声情并茂，以情激情
师生关系和谐美 （15 分）	1. 师生互动，学生活动充分、有效 2. 面向全体学生，课堂环境安全、民主 3. 及时评价，重在激励，批评、褒奖有理有度
教学成效丰盈美 （15 分）	1. 学生教学活动参与度的高低、主动性、积极性高 2. 学生思维活动的合理性、层次性和创造性 3. 学生思维活动的合理性、层次性和创造性；学生语言表达的条理性、准确性和生动性

学科教学如国学之美。有跨学科如诗画同源、戏剧等等。这些课程为学生提供了艺术审美、潜能开发、人格发展等方面的学习经历。

（二）对学生的学习评价

必修课程（评价包括选择性必修课程）

在课程评价的总体要求下，积极推进评价改革。逐步改变用"一张试卷"进行考试评价的"唯分数论"，采取"纸笔测试"和"过程性学习成果展示交流评价"两种形式，既关注学习结果，又关注学习过程。

1. 纸笔测试

学校统一组织的测试：学校统一组织期中考、期末考。期中考学校组织统一命题考试，期末考试区统一命题统一网评。每次考后组织学校、年级、班级、学科、教师、学生等各个层面的质量分析。

教师自主进行的测试：周测、单元测、模拟测等。要求全批全改，及时反馈。

2. 过程性学习成果展示交流

以班级为单位分别组织每一门课程的过程性评价成果展示交流活动。通过展示交流，引导每一个学生自主梳理一个学期内的课程学习成果和经历，展示个人和小组的发展成果和感悟，激励每一个学生坚持努力学习和进步。过程性成果展示交流分学科进行，由各学科老师负责。过程性成果展示交流内容：学生在本学科学习过程中的有形成果、学生梳理本学科的知识体系、用思维导图的形式构建的知识框架、学生在本学科学习中的收获、反思、感悟等；过程性成果展示交流的形式：小组内部学习成果展示、交流、评议；小组代表利用多种形式进行班内展示。课程评价：学生自评，同伴互评，教师评价。学生自评以总结反思为主，同伴互评以欣赏为主，教师评价体现客观性、激励性。

选修课程

选修课程突破了原有的课程结构和学科体系，从培养学生正确学习能力的角度出发，结合学科的纵向发展与横向联系，将多种课程资源加以整合，使内容更切合当前社会对中学生综合素质发展的要求。课程实施呈现开放的学习态势，让学生在开放的、动态的学习中增长智慧。所以，选修课程评价要突出综合性、开放性、主体性、实践性的原则。课程评价采用过程性评价和终结性评价相结合的方法，评价的形式有学生自评、组内互评、教师评价、家长评价（见表4-3）。评价结果建议采用等级制。

表4-3　课程学生评价表

评价项目 \ 评价标准和结果		评价标准			评价结果			
		A	B	C	自评	组评	师评	家长评
过程性评价	参与态度	按时出勤态度端正主动性强	积极参与欠主动	能够参与				
	个性展示	特长突出	展示充分	能够展示				
	实践能力	动手实践能力极强	较强	一般				
	合作意识	交往、合作能力强	能顾全大局会与人合作	有合作意识				
	创新能力	有强烈的创新精神,有较强的创新能力	有一定的创新意识、创新精神和能力	表现一般				
	任务完成	质量较高进步较大	质量较高,有进步	质量一般无明显进步				
	自我评价	客观公正	较公正	片面				
终结性评价	成果展示	形式多样富有创意积极展示	能形成有形成果,能参与展示	表现一般				
	综合表现	积极探究思维活跃表现突出	积极参与展示自我	安于现状表现一般				

续 表

评价项目 \ 评价标准和结果	评价标准			评价结果			
	A	B	C	自评	组评	师评	家长评
点评 自评							
点评 组评							
点评 师评							
点评 家长评							

（三）对教师的教学评价

在教师教学评价方面,逐步建立以教师自评为主,学校、同事、家长、学生共同参与的教师评价制度(见表4-4)。

表4-4 香山中学"五美"教师工程课堂教学评价表

学科		授课班级					
授课老师姓名		开课时间	年 月 日 第 节				
授课名称							
五美品牌教师课堂教学评价指标			A 5	B 3	C 2	D 1	单项总分
教师形象气质美 15	服饰得体大方、仪态亲切自然						
	学科功底厚实,知识面广						
	有教学特色,努力形成教学风格						

续　表

五美品牌教师课堂教学评价指标		A 5	B 3	C 2	D 1	单项总分
教学设计精当美 35	教学目标明确、具体、适当					
	教学步骤清晰有序					
	教学内容正确充实,凸显学科内涵,突出重点、难点					
	重视学法指导,教学手段灵活、多样					
	问题设计有明确指向,有思考基础和思考空间					
	情境创设鲜活生动,贴近生活					
	重视信息技术与学科整合,课件画面有美感					
教学过程优化美 20	课堂导入自然、流畅、新颖					
	发挥教学机智,注重细节处理					
	教学节奏调控有度,组织安排合理					
	关注学生学习需求,激发学生兴趣,培养旺盛的求知欲					
教学语言艺术美 15	注重语调,抑扬顿挫,吐字清晰,快慢得当					
	用词准确、简洁、生动					
	声情并茂,以情激情					
师生关系和谐美 15	师生互动,学生活动充分、有效					
	面向全体学生,课堂环境安全、民主					
	及时评价,重在激励,批评、表扬有理有度					
总得分		等第				

备注:
总分:累计得分 85 分以上为优,75—84 分为良,60—74 分为合格,59 分以下为不合格。

　　　　　　　　　　　　　　　　　　　　　　　评议人签名:

　　在"五美评价"中,专门一项是针对教师教学的评价。通过自评、互评、校评、生评、家长评等方式拓宽教师评价主体的维度。

1. 自评

自主反思是教师成长的重要途径。一是每节课后的自主反思,对本节课的课堂教学和课程实施进行反思和评价,并在此基础上进行完善。二是每次观课、议课后的自主反思。对观课情况进行梳理,积极参与交流研讨,结合自己课程实施情况,进行总结和提升。三是每次教研活动后的自主反思,对本学科集体备课、主题教研后的心得体会进行反思和总结。四是每次外出学习后的自主反思,对学习成果进行梳理总结,结合教学情况写出学习成果,在学科教研会上进行交流分享。五是阅读后的自主反思,在阅读教育专著和相关学习材料后,写出书面的读书心得。六是每个学期结束后进行自主反思,对本学期课程开发、课程整合、课程拓展、课程实施、课程评价等情况进行总结和自我评价。

2. 互评

建立以校为本,以教研组为基础的教师教学个案分析、研讨制度,引导教师对自己或同事的教学行为进行分析、反思与评价,提高全体教师的专业水平。一是各学科组每周开展集体备课,对本周课程目标、课程重点、课程难点、课程实施、课程评价进行集中研讨交流。二是大组教研形成常规,单周主题教研,双周观课议课,深入推进课程建设和课堂文化建设,并引导本组教师积极参与同伴互助、同伴评价。

3. 校评

学校建立规范的《教师绩效考核制度》《课堂教学评价标准》《校本教研制度》《备课制度》《上课制度》《作业建设制度》《质量分析制度》等,在课程开发、课程建设等领域建立专门的激励机制,对做出成绩的教师进行鼓励和奖励。

4. 生评

学校通过学生座谈、问卷调查等方式组织学生参与评教活动。以学生的视角对教师的课程开发、课程实施、课程评价能力作出评价,就课程建设、教师教学等方面提出自己的建议。学校对学生评价进行量化积分,计入教师考核。

5. 家长评

一是学校设立"家长委员会",请家长代表参与学校的常规管理,以家长的眼光深度观察学生的学习体验,充分利用家长资源,促进课程建设,并参与课程评价。二是设立"家长开放日",吸引更多的家长走入课堂,走入社团课程和校本课程,并能对教师的课程实施提出自己的建议。

| 第五章 |

美育教师彰显美的凝聚力

学校在"以美立校"的大背景下,以打造"五美品牌教师"为抓手,提升学校的文化氛围,提高教师对美的需求,共同建设香山中学这个美好家园。

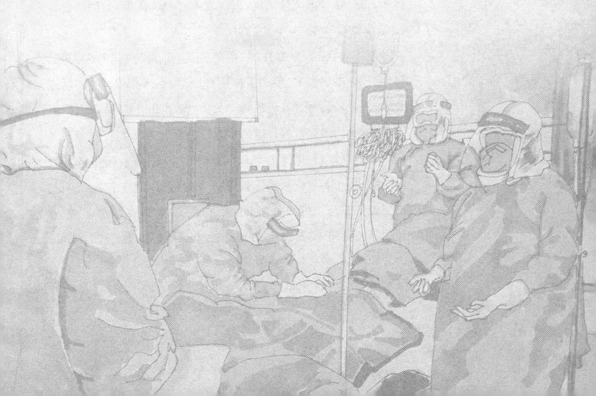

第一节　师德建设培养教师自身品格

学校要谋求更高位更优质的特色发展,师资队伍是关键。为此学校重视以美育特色发展为中心的师资队伍建设,从全体教师、美术专业教师、基础学科教师三个不同层面来着力培养和打造具有影响力的品牌教师。

学校在"以美立校"的大背景下,以打造"五美品牌教师"为抓手,提升学校的文化氛围,提高教师对美的需求,共同建设香山美好家园。

教工大会,是香山教师"各美其美,美美与共"的大讲坛。每周一次,主题鲜明,形式多样精彩纷呈。有党支部围绕"师德师风——争当香山'五美教师'"的宣传、学习与展示;有周宁医主任关于"如何进行教研组的建设"讲座,让老师们打开了教研组活动的视野,打破了对教研组认识的壁垒;有黄荣华老师的国学讲座,让老师们领略了国学之美,以此深思工作生活中我们当如何践行;也有"争创上海市特色高中"的专题培训,香山教职员工共同学习,形成共识,积极行动,全心投入;还有剧场式互动活动——"我和香山的故事",让老师们回味在香山这个温馨的大家庭里共同奋斗走过的岁月,说说自己眼中最美的香山,说说自己与香山最难忘故事,与大家分享自己捕捉并记忆下来的香山之美,彼此激励,共同展望更加美好的香山未来。

"五美品牌教师"的系列评选,是香山师资队伍建设的传统抓手。自 2005 年以来,每年 6 月,香山的全体师生都会参与"五美品牌教师"的系列评选活动。这项活动通过学生对教工、教工对教工的推荐,最终推选出年度"五美品牌教师""师德标兵""我心目中的最美教师",以及最美"绿叶"奖人选,获奖人员将在该年的教师节受表彰,并进行经验推广,以建立积极向上的学习氛围。

"立美论坛",是引领香山教师学习、交流、展示的重要平台。"立美论坛"至今每学年开设两次,有全校性的教师论坛,也有班主任的专题论坛。届时老中青三代教师济济一堂,就论坛的主题发表自己的看法,并就目前的教育教学热点展开辩论,青年教师在这里收获更多的是学识和经验,老教师在这里看到的是长江后浪推前浪,一代更胜一代的勇气与活力,自己亲手带出来的徒弟们如今都能爱学习、善思考、爱学生、善教育,满心欣慰。大家凝心聚力,共同走在香山美育特色的成长之路上。

学校聚焦特色教育的发展需要,坚持专兼结合、内培外引的策略,着力加强师资队伍建设,为特色教育夯实坚固的师资基础。

每一位香山中学的教师都聚焦"敬贤、尚美、乐学、笃行"的育人目标,致力于对美育的内在需求,以"立德树人"的价值导向为引领,把党和国家的重任、学生和谐发展的需求、教师自身专业发展的动力、学校的美育特色等内容有机地融合在一起。学校进一步优化教师队伍建设的制度和机制,关注教师全面、主动、个性化的专业发展,坚持"注重师德,争创先进,优化结构,彰显特色,定向培养"的原则,努力建设一支师德高尚、学养深厚、结构合理、特色鲜明的师资队伍。

香山中学以 46 人的覆盖全学科的香山特色教师团队为主体,辅以 34 人的领军人才团队,成员包括高校专家教授、特级教师、资深美育特色领军专家、相关行业的精英等,培训、带教、育养学校有潜质的特色教师。学校管理、美术学科、文化学科三大类领军人才发展导师团分别对应特色教师的培养与发展。学校管理方面,先后获得陈玉琨教授、钱初熹教授、张志敏校长的大力支持……;美术学科方面,除了曹建林、张家素等美术界领军人才之外,又聘请了市美术家协会秘书长丁设、美术特级教师特级校长赵琪坤、华东理工教授俞丰、上师大美术学院院长周朝晖、上师大美院油画系主任王剑辉、上影厂美术专家东进生,以及中央民革香山美院执行院长陈明予以技术支持;文化学科方面,在黄荣华、郑朝晖等一批上海市特级教师、正高级教师基础上,还特邀了上海市首位美育特级教师王圣民、政治特级教师正高级教师秦红、历史特级教师汪德武、地理特级教师张新、物理特级教师金松、化学特级教师郑胤飞、生物特级教师蒋金珍、体育特级教师李鹰担任导师。从而实现了全学科覆盖的领军人才导师团的构建,为香山美育教学研究中心的"聚焦实践和研究"提供了软实力保障,也为美育特色教师指明发展方向——"有理想、责任、魅力和情怀"。

香山中学紧密围绕"树民族之魂,立文化之根"这一核心理念,依托校内系列活动,以点带面,形成了联盟学习共同体的辐射效应。组织教师在分类学习中认识教育思想,在研修活动中理解教育思想,在课程建设中探索教育思想。鼓励教师努力实践尚善、尚美、尚爱,坚持改革创新的精神,共同为上海教育事业的发展做出贡献。

第二节　教研活动提升教师教学能力

美术教师的成长。重点在于美术专业能力的不断提升,不仅是美术专业高考的指导水平的日渐精进,更是在美术创作成果方面的日益突出,做到在全市范围内发挥引领示范作用,成为行业领域内的拔尖或潜质人才。

(一)"美育研修"与"校本研修"

学校有机整合"美育研修"与"校本研修"模式,在研修目标上探索满足教师个性化的终身学习需求的分层分类全员培训机制;研修方式上构建基于课堂教学实际问题,以行动研究为载体的有效融合模式,如图5-1所示。

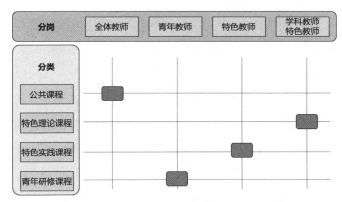

图5-1　分层分类有效融合研修模式图

学校研修管理方面,建立校本培训课程开发运行及管理机制,形成"美育研修+校本研修"的特色系列课程。针对教师发展的不同需求,进行分层培训,设置全员学习课程、青年教师课程、特色教师学习课程及学科特色课程。结合学校美育建设宗旨("让每一位学生向美而行")设置师德修养、美育理论、美育实践、入职教育等课程。研修平台上为骨干教师和特色教师搭建多层次发展平台,经过两年的实践和修订,该模式提供的平台共实现公共研修1 777人次,自主研修535人次。通过该模式的运行,研修教师进一步强化了终身学习的思想;明确了研修的目的"在不能完全预计到未来工作变化的情况下,如何使教育与未来工作适应",是用"贯穿一生的教育"来代替"管用一生的教育"。

学校每学年组织新任教师与学科骨干教师组建师带徒学习共同体。师傅通过一对一、手把手地"传、帮、带",多角度、立体式帮助徒弟尽快领悟"五美品牌教师工程"的文化理念,熟悉"五美课堂"的基本形态和教学特点,帮助徒弟尽快把握"五美课堂"的精髓。通过制定完善的考评制度,对师带徒学习共同体进行考核评价。

围绕"五美品牌教师工程"建设,引领教师业务学习和专业成长。学校有计划引导教师开展以成果共享为目的的系列阅读写作活动。老师们在学习的基础上,有意识地结合自身的思考与实践,撰写案例、心得、随笔、微博、故事,利用各种平台进行分享交流。

各学科依据"五美品牌教师工程"文化理念,确立各学科教学研究的主题。如:语文学科的"诗词教学"、数学学科的"函数图像教学"、英语学科的"戏剧教学"、物理学科的"物理美教学"、信息技术学科的"微课制作"、历史学科的"博物馆教学"、政治学科的"课程整合"、地理学科的"地图教学"等。学科组长发挥课程规划、引领、组织、落实的作用,带领学科教师积极参与教学研究。在教学实践中,把"五美品牌教师工程"的核心理念融入不同学科、不同课型、不同主题,结合思考、实践、反思、总结,来提升课堂教学的效果,促进灵智课堂真正落地生根。

(二)教师知识技能水平提升

近年来,香山中学教师知识技能水平得到了显著提升,教师普遍认识到自身理论基础对于教学与育人的重要价值和作用。

一是教师自身形象育美技能的提升。主要表现为:教师更加注重提升个人的学识、素养、品味、仪表、言行、举止等。二是教师教学设计育美技能的提升。主要表现为：教师在设计教案的过程中，更加注重教学设计，教师们在课堂立美实践活动中领悟到，用心用情地追求"教学设计精当美"是奏响立美课堂的序曲。香山教师已经把实践反思当作促进教师职业成长的催化剂，提高了教学的设计的立美技能。三是教师教学语言育美技能的提升。通过学科美育渗透的实践，教师们越来越注重课堂用语的准确性、生动性、流畅性和丰富性，并以此作为教学标准，在不自觉中贯穿于教学实践里。四是香山中学师生关系育美技能的提升。通过学科美育渗透的实践，香山教师与学生之间的关系已表现出融洽、个性、自由、超越等特性，审美型师生关系已逐渐形成。教师非常注重激发学生的学习积极性、提高学生的学习效率，陶冶学生的情操、引导学生的生活态度，并使学生的感性和理性获得协调发展，促进了学生审美人格的发展，建构起了审美型师生关系，使师生关系更为和谐。

为支撑学校发展对师资队伍建设的迫切需求，学校构建了充满智慧与活力的"香山特色教师成长发展共同体"。现有成员 31 名，覆盖全部学科。通过健全特色教师评价制度，促进教师优势发展。制作有《香山中学特色教师发展方案》和《香山中学特色教师考核手册》。两周一次例会，每学期自评，每学年考评，帮助共同体的老师定位教学优势，形成特色化的教学风格，量身打造特色教师的发展规划，并建有特色教师激励机制；通过搭建特色教师发展平台，提升教师的育美能力。通过特色潜能挖掘工作坊、论坛研讨、跨学科交流、展示观摩等共同体培训研修活动，搭建特色教师专业发展平台，加快了特色教师的审美素养、国学素养和跨学科跨界别的专业素养的提升，提升了教师整体的育美能力；筑起了特色教师成长梯队，加快了青年教师成长。

学校一方面搭平台结对子，一方面给任务、压担子，让青年教师的潜能和特色得以充分发挥，使其尽快成长为爱岗敬业、业务过硬的香山美育生力军。目前，已经有优秀的特色教师脱颖而出，美育成果在校、区、市、乃至全国都有了一定的影响力。

多年来,学校建设了一支适应立美教育的教师队伍。他们师德高尚、理念先进,具有良好的审美素养。教师们通过理论学习和立美实践,弄清了美的本质和基本特征,美的形式和基本内容,美感的本质与特性,美的欣赏和创造等基本问题;懂得了美育的性质和特点,意义和任务,内容和方法,美的过程和实施途径;增强了审美创造力。通过美育实践活动的普及,香山中学已经形成了一支能影响、辐射市区及外省的基础学科类的教师团队。

在导师们的精心培育下,一批青年教师迅速苗壮成长起来,在德育、教学、科研、特色成长等各方面都获得了长足的进步和喜人的成果。并且影响带动了身边的团队成员,在学校特色高中的创建中起到了积极的榜样和引领作用。

(三)教师教学成果辐射

香山中学美术专业教师绘画作品多次入选上海市、华东地区和全国美展,先后多次获奖。如参加上海市"香山杯"中小幼书画作品展、连续至今的上海与日本大阪结对友好城市中学生书画作品展……不断磨练美术专业技能,始终走在国际、全国、市区级美术作品创作展出的前列,受到行内的一致肯定。

两年来香山中学涌现出了一批德、能优秀的先进教师,为学校特色发展汲取了丰富的智慧和力量。香山中学始终关注美术专业师资队伍的建设,为培养更多的中青年优秀拔尖人才,学校把上海市特级、美术正高级教师"瞿剑宛名师基地"落户在了校园。依托香山中学为基地开展的各级各类教育教学教研活动,培养了多位香山中学的乃至全区、全市的美术专业教师。更可贵的是,在瞿老师的带领下,学校三位优秀青年美术教师一起研究如何将信息技术与美术教学有效整合,参与,勇于实践,大胆摸索。"数字化美术创新速写系列课程"已经在香山扎根开花结果,实践该项成果于"第七届全国中小学数字美术教学研讨会"做了全国范围内的交流推广,受到积极的关注与好评。学校正在积极准备,将"数字化美术创新速写系列课程"与香山中学的上海市名校慕课共享课程——"人物头像素描""人物头像速写"有效整合,以便更多爱好钻研于美术的学子都能共享这一成果。

经过多年在美术专业方面的扎根耕耘,香山中学的美术教育教学在同行内有了良好的声誉和较高的知名度,学校也本着更加开放的心态,资源共享,相互借力。自 2015 年 10 月起,香山中学成为了上海市美协在学校开设面向社会的美术专业考级点;也是清华美院、江汉大学美术高考校考的专业考点;学校宋海军老师也被推选为"浦东新区美术家协会常务理事",参加上海市美术家协会会议。学校将会坚持不懈、更大力度地培养美术专业的品牌教师。

第三节　主题学习优化教师审美能力

(一)主题学习助力审美能力进化

香山中学教师通过主题学习不断优化知识结构,接受价值熏陶,致力于提升美的素养。学校现有在编美术专业教师为 9 人,不仅选派美术老师到清华美院进修,而且选送美术教师赴欧洲考察学习、以跨文化方式为芬兰等国际学生上中国水墨画课,提升了骨干教师的前沿能力。

学校为提升教师的美育素养,围绕"提升教师美育理论"开展系列读书活动,向广大教师推荐了一系列美学、美育书籍,如:《美学概论》《美育的意义》《审美心理描述》《中小学立美教育论纲》《德育美学观》《大学美育》《教师角色与教师发展新探》《审美艺术教程》《美的历程》《美学散步》等。通过学习增进了教师的美学知识和美育理论;围绕"立美育人"这一主题,举办系列专家讲座,如:《形式美的基本法则》《古代山水画赏析》《美术作品中的科学性》《美的礼仪讲座》

《唐宋诗讲》等系列美育讲座；邀请建平中学语文老师宁冠群，作了"浸润书香，涵养诗性"主题讲座，谈了自己对美育的解读，认为"美育就是陶养出学生一颗善良敏感的诗心的教育"，并娓娓叙述一些自己在教学过程中立诗美、育诗心的生动鲜活的例子，强调美育是五育中最高的境界，身教更重于言教，教师要"亦教亦熏""修己立人"，才能栽培出学校美育这朵奇葩，使香山教师对于生活中的美有了更加敏锐独到的感受。学校还通过丰富多彩的活动，提升教师的审美能力。如：组织教职工元旦文艺汇演，既丰富了教师的业余生活，展示了教师的艺术才华，又促进了教师立美能力的发展；充分利用本校丰富的美育资源，为基础学科的老师们开设了教师系列的立美校本课程，如：简笔画课、视频编辑课，分别由本校美术老师和计算机老师共同主讲，校长、书记带头参加，广大教师积极参与。通过这些课程的认真学习，培养了教师的绘画兴趣和绘画能力，提高了教师视频处理的技能；再如，学校在加强教师美学、美育理论修养外，还非常重视对教师具体审美经验的积累，以切实提高其审美鉴赏能力。学校经常组织教师一起参观美术作品联展，通过对自然美、艺术美等审美形态的鉴赏实践，有效增强了教师的审美能力。

（二）搭建学习展示平台

学校积极为特色教师成长为具有专业影响力的品牌教师搭建平台，"2018年上海教育博览会新时代美育展"，香山中学做了市级展示；2018年4月，两年一次的长三角美术教育论坛在香山中学举行，香山中学美术教师朱彦炜做了题为《核心素养背景下美术高考教学人文精神的培养》的论坛主题发言；同年，美术教师梅荣华赴芬兰姊妹校交流中国艺术；浦东新区美术教师专业技能评选在香山中学举行，美术教师宋海军荣获全能一等奖，晋级2018年上海市青年教师基本功比赛，一人获得三个奖项：速写二等奖，色彩画制作三等奖，模拟教学三等奖,带着自己的"数字化速写创新课程"作品参加"画时杯"全国师生数字书画展评,荣获一等奖。语文教师曹琼执行主编的学校国学美育校本《至德五常》,已经被北京八一中学和上海高东中学等诸多学校选为学生国学选修资料。通过各种平台及活动,学校逐步形成了学科和研修高地,进一步提升了育人的品质内涵。

学校一直致力于培养美术专业骨干教师队伍。定期选派美术老师到清华美院进修、赴国外考察,进一步提升骨干教师的美术专业能力。

另一方面,学校注重其他学科的建设,选送优秀教师参加名师基地和区科研骨干管理培训班,着力培养一批在上海市乃至全国教育界具有一定学科研修能力乃至影响力的学科骨干教师。其宗旨在于达成不仅美术学科有影响力,其它各门学科也都别具特色、颇具实力的目标。

/ 中　编 /
资源聚焦，丰富美育渠道

　　香山中学围绕"以美立校，立美育人"的办学理念，坚持美育的规律，将美育深深地扎根于学校文化的建设之中。同时紧扣"敬贤、尚美、乐学、笃行"育人目标，建立适合学生发展的美育机制，以美术特色教育为基础，将美育全方位融入教育教学。为此学校着力打造香山中学特色教师队伍，一方面学校通过自身培养专业美育特色教师，满足学校美育课程的师资需求；另一方面透过学科美育培养，专家引领，打造学校美育教师，开辟出了国学美育、历史美育等学科美育新路径。

| 第六章 |
美育管理提升美的整合力

在学校美育管理中,是否拥有一支具有自由、平等的独立意识,具备自主、自决的理性能力的教师队伍是极为关键的,只有基于这样的具备,教师才能在学校中更加明确自身的职责与地位,履行教师应尽的责任与义务,也才能有效地监督美育管理的实施,依法保障自身的权利不受侵害。

第一节　转变观念重塑美育管理环境

中国在几千年封建社会、一百多年半封建半殖民地社会的历史进程中,君主专制的权力结构导致参与型公民政治文化缺失。学校作为一种社会组织,同样受其影响。校内,长期存在的唯上意识、官本位思想和根深蒂固的等级观念。美育管理要健康地生根发芽,良好的"政治环境"是学校加快发展的土壤和阳光。

(一) 校长的观念是美育管理有效推行的首要因素

在学校的美育管理过程中,作为负责人,校长的观念是首当其冲的决定因素。校长民主管理意识强,高度重视,就会更多地让教职教师参与管理学校,支持教代会代表履行代表职责,行使教师当家作主的权利。也才能真正地广开言路、广求良策、广谋善举,使学校不同群体或个人的意见、想法和要求,都能通过协商的平台渠道得以系统而畅通的反应,确保最广大教师的民主权利最大限度地得以实现。

权力来源于权利,权力应该也必须服从于权利,这是管理之德的内在要求。校长拥有正确的权利观、权利思维来领导学校的管理,能够一切从师(生)权利出发,以师(生)为中心,把师(生)作为观念、行为乃至制度的主体,追求师(生)的自由解放,崇尚师(生)的尊严、幸福和全面发展,才能体现对师(生)、教职教师的终极关怀,也才能实现他们在学校管理中的主体性价值。

校长要成为领袖,在权力的运用上是会授权赋能,将权力向外扩散,领导众人,促动别人自觉而甘心地卖力,力量来自于人性的魅力或号召力。[①] 因而,校长首先要以自己的实际言行,为坚持和完善学校美育管理,建立起民主、宽松、稳定而和谐的"政治环境"。只有在民主、和谐、宽松、尊重的良好氛围中,协商才能充分发挥独特的优势和作用,才能真正成为反映教师之情、吸纳教师之意、集中教师之智的重要形式,才能充分调动教师的美育技能与教学水平。

(二)教师的参与是美育管理持续推进的关键因素

在学校美育管理中,是否拥有一支具有自由、平等的独立意识,具备自主、自决的理性能力的教师队伍是极为关键的,只有基于这样的具备,教师才能在学校中更加明确自身的职责与地位,履行教师应尽的责任与义务,也才能有效地监督美育管理的实施,依法保障自身的权利不受侵害。

受传统封建社会的影响,长久以来中国民众的政治依附心理、臣子臣民意识、顺从顺服行为,体现出民主意识的匮乏、公民参与态度的被动。即便在当今,整个国家公民社会的建设还处于起步成长时期,发展还很不完整,存在着各种各样的问题,这些问题都会导致公民社会内部自由平等对话的丧失,契约规则或精神的缺乏。在这种状况下,或多或少、直接抑或间接地影响着在学校范

---

① 胡东芳. 从"学校保姆"到"学校领袖"——论校长的领袖思维及其养成[J]. 教育科学研究,2010,
　　(4).

围内的教师群体,在学校中无法给自己的主动参与予以准确的价值定位。

教师的"自组织"的发展机理指出,教师在自组织过程中,自我设计和执行。自组织既不是随意的也不是无政府式的,而是自然的。在这样一种自组织的范式中,教师不再是被动的专业发展的机器,学校组织被看作动态的有机体,激发教师的主动性和创造性,与教师共同承担个人发展和学校发展的责任。①

美育管理的实质,就是要实现和推进在职教师在学校管理过程中的有序参与。因而,对于学校管理而言,教师既能投票选举代表间接参与管理,又能在美育管理过程中直接以理性参与的形式表达利益诉求,是一种比较全面而理想的模式,只有教师的参与才能使矛盾得以解决,才能实现共同构建和谐校园的目标。

(三)尊重包容,求同存异,促进共同价值观形成

美育管理要既能反映多数人的普遍愿望,又能倾听少数派的合理主张或诉求,要求听取支持的、一致的意见,也要求听取反对的、不赞同的声音。能以海纳百川的胸怀,充分地调动起每一位教职教师的主动性和积极性,为学校的发展,最大程度地凝聚力量、集中智慧,以形成强大的美育合力。

"尊重包容,求同存异,促进共同价值观的形成",应该成为学校每一位成员的共识,也只有这样才能将人心凝聚、将人智汇集,共同来应对在学校发展过程中面临的困难与风险。任何一个组织或是权利体系,想单枪匹马依靠"高层"的一己之力来抗击风险和消除困难,都是十分微弱的,反而可能导致风险的加速与扩张。

---

① 胡东芳. 从"教"者走向"学"者——论教师内涵性专业发展路向及其实现[J]. 教育发展研究,2010,(12).

学校只有大力发扬民主的作风,营造尊重包容的环境和氛围,才能更好地倡导务实的作风,使学校的教师能够放心大胆地讲真话、说实话、道出心里话,尤其是面对领导权威时敢于提出不同意见,真正做到知无不言、言无不尽。学校也才能形成既能集中又讲民主,既有纪律也有自由,既能实现统一思想、凝聚共识又能获得个人心情舒畅、正气向上的局面。依靠每一位成员的力量,去迎接更大的挑战与发展,现代学校的美育管理之路才能走得更久更远。

第二节　加快改革推进美育管理升级

美育管理必定会迎来挑战,要提升就必须有超越,因此改革势在必行。但是改革不意味着全盘推翻,也不意味着特立独行,更不意味着妄而为之。成功的改革需要立足于学校的实际,需要渐进式推进,需要遵循必须的原则,需要进一步巩固和完善学校的领导与管理。只有在这些基础上,才能保持应有的秩序方向和可持续发展的力量。

(一)加快学校内"科层制"组织体系的改革

科层制是西方社会民主化的产物,其理性基础来源于现代法理权威。作为一种理性的组织管理制度,其"非私人规则"和"正当程序"是典型的标志。从理论上说,科层制越是发展,其非人格化的特征就应该越是明显,在管理的过程中越少地被纯粹的个人偏好、情感等非理性因素所影响。但事实上,严格的权威分层体系易出现权力"寡头垄断"的现象。在学校管理中,权力高度集中于少数高层决策者手中,教职教师实质性地缺少参与。如果学校的上层在行使权力时缺乏来自于下层教职教师的监督,那么上层利用职权压制民主就在所难免了。

鉴于此,只有加快学校"科层制"组织体系的改革,才能实现学校管理的理性化和科学化。改革大致可以包括以下几方面内容:

第一,大胆放权,问责相当。权力的授予必须遵循"权责明确,问责相当"的原则,既要将权力大胆地下放到各中层行政部门,又要明确责任到位;

第二,信息公开,工作透明。对于推进学校管理的民主化进程而言,保持信息的公开和工作的透明度,是防止权力过分集中、官僚主义滋生泛滥的有效方式。让学校的所有成员都能及时了解学校工作与活动的有关情况,这也是促进学校成员协商沟通,实现高效管理的重要基础;

第三,全员参与,集体决策。学校美育管理,要鼓励广大教职教师积极参与管理过程,通过协商讨论、集体决策的方式解决学校"三重一大"①的工作。同时,通过增强法治观念、完善学校规章制度的建设来尽可能消除一切对理性之治不利的影响。

(二)加快学校内干部选拔任用体制的改革

在传统的干部选拔任用体制中群众参与的实际作用十分有限,在"少数人选人"或是"在少数人中选人",导致干部问题突出,尤其是在日常管理中由于缺乏群众基础导致工作效率低下,甚至干群关系紧张。通过实践案例已经很清楚地看到这样一对矛盾。

经过多年发展,学校在干部选拔任用工作中的民主已经向前迈进了一大步,也确实提高了群众对选拔干部任用工作的知情权、参与权及监督权。但随着社会主义民主的发展,学校民主管理的深化,学校美育管理的建设实践,开展

---

① "三重一大":最早源于 1996 年《第十五届中央纪委第六次全会公报》,对党员领导干部在政治纪律方面提出的四条要求的第二条纪律要求。具体表述如下:认真贯彻民主集中制原则,凡属重大决策、重要干部任免、重要项目安排和大额度资金的使用,必须经集体讨论作出决定。

在学校的干部人事制度方面可以尝试更多形式、更大范围的改革。如：切实解决学校聘任中层行政干部"能上也能下"的问题：

"上"，通过公开竞聘，评聘上岗，完善竞争择优的机制；同时严格执行试用期制和任期制，尤其是要在试用期内确定"末位淘汰制"，在上岗之前就给所有干部有"下"的准备；

"下"，通过考核、问责、降免、自愿辞职、引咎辞职、责令辞职、就地免职等形式，切实执行对不胜任、不称职、玩忽职守的干部的调整力度。在学校内形成竞争择优、充满活力的用人机制。

同时，通过民主推荐、群众测评、考察预告、任用公示等方式扩大民主。有条件的学校可以实现以重点突破配套综合措施的方式，促进学校民主建设的整体推进。

（三）加快学校"教代会"及其代表履行职能的改革

《上海市中小学校教职工代表大会工作意见》依据《中华人民共和国工会法》《中华人民共和国教育法》《中华人民共和国教师法》等法律，明确规定了：教职工代表大会是学校教职工群众行使民主权利，参与学校民主管理和民主监督的基本制度和基本形式，是校务公开的基本载体，是学校管理体制的重要组成部分。

教代会应该引导教职工正确处理好国家、集体和个人三者利益关系，调动教职工积极性，动员和组织教职工投身教育改革和发展中去。在学校管理实践中，教职工代表大会作为学校最高权力机关，必须为其履行职能做更多有益的尝试，推进改革和完善。主要涉及两方面：

第一，明确校长对教代会的负责要求。教代会尊重和支持校长依法行使管理学校的职权。校长也应当尊重和支持教代会行使民主管理的权利，为教代会履行职责、开展活动提供必要的条件和保障。校长对教代会的提案以及作出的决定必须认真回复、明确落实,对教代会通过的不同意事项,应当及时召开相关会议或会谈,通过交换意见或协商,重新提请教代会复议后,按照程序重新表决,如再不一致,党组织再组织协商解决、必要时上报主管部门和上级工会组织。对程序的理顺和确立,对学校贯彻落实美育管理,推进学校民主建设将起到关键性的作用。

第二,明确并考核教职工代表的履职。应该向教职工代表明确履职权利:履行教代会上的选举权、被选举权和表决权,有权在教代会议程中发表意见,按照规定程序提出议案和提案,有权对学校和教代会工作提出建议和意见等。同时,为进一步形成教代会与教职教师之间的良性互动关系,学校内须建立完善如:代表旁听(听证)制度、代表(领导)接待日、代表信息网络公开、代表述职评议等,来提高履职能力、考核代表的履职实际情况。对于不能正常参加教代会活动、不能胜任履职、玩忽履职的代表要坚决执行撤免建议,对于热爱教育工作、具有良好师德、认真履行岗位职责、热心为群众服务的教职工,要开辟"自我推荐 + 群众推荐"竞聘通道,不断拓宽学校每一位成员参与学校管理的渠道。同时,对于教职工代表要加大培训的力度,提高代表们的倾听协商、收集民意的能力,必须定期、不定期地与在职教师们联系、沟通或商谈,使教代会能真正成为充分表达教职教师意愿、维护教职教师权利的重要形式。

(四)运用协商化解改革进程中的现实难题

在美育改革进程中,我们同样需要关注教师与学生的发展需要,因地制宜的设置合适的管理体系。发挥管理的艺术与技巧,激活教师的主观自我效能感,树立牢固的育人意识。采用协商的方式能够不断化解改革进程中遇到的种种困难。哈贝马斯提出:"法治国家制度,尤其是富有生命力的公众社会是重要的,因为国家对制度化了的协商能够从公众社会中汲取自身的动力。"①

　　加强学校美育管理的制度建设是推进学校美育特色建设的一项重要的内容。与学校教代会的"刚性"规范和要求比起来,美育管理本身还相对较为"柔性",更需要一系列较为完善的制度规则和运作程序细则来作为支撑。

　　1. 通过制度建设加强改革进程

　　协商,从本质上而言,十分强调主体之间的政治平等。这种政治平等体现在地位平等、权利平等,因而确立共同的最高权威至关重要。在学校美育建设范畴内,这个最高权威不应是某一个人,而应该是一套完整的制度、体系或是机制。所有成员的权利享有、工作进程和活动开展都在这一套完整的框架内,并服从于它。围绕立德树人的根本任务,美育制度建设要紧紧抓住育人这个核心命题。

　　在学校美育管理中,按照民主集中制的原则,实行协商民主和投票表决相结合的管理运行机制。教职教师代表大会是教师在学校当家作主人的重要保证和实现途径,通过选举、审议、修改和投票等形式来行使管理学校的权利。但要更好地实现学校民主管理,更好地发挥出教代会的表达民意,就必须充分吸收美育管理的优势,积极运用协商的手段,开展平等的对话和沟通,把投票建立在充分讨论和磋商的基础上。

　　把在实践过程中行之有效的好做法好经验进一步整理、提炼上升为制度规范,如:拟定《A 中学教代会代表履职要求》等细则,不断推进学校美育管理的制度化、规范化和程序化,并结合学校的发展不断健全完善相关制度,使美育管理能有章可依、有规可守、有序可循,从而能更好地服务于学校民主管理的发展,服务于维护实现全体教职工利益的目标。

---

① [德]哈贝马斯. 现实与对话伦理学[J]. 沈清楷,译. 哲学译丛,1994,(2).

2. 通过管理者权力监督完善管理体系

"权利就是一定社会中人的规范性行为的自由度（行为自由的质与量的统一），它体现着作为社会化了的人的自主性和主体地位。"①

在组织力图秩序与个人讲求自由的过程中，权力的高效运行与权利的充分实现间的平衡，其实质就是：对权力扩张的控制，对权利积极性的激发。一种十分有效的机制就是：以权利来制约权力。

在现代美育管理中，已经不存在教师与学校之间根本利益性的冲突，所以很多属于共识性、理解性的问题，通过民主选举、美育管理、共同决策、公开监督等环节的设定，就能实现教师为学校发展献计献策、民主参与学校事务管理、公开监督学校的领导、决策和管理。

只有改革监督机制，使制度架构真正形成对权力的监督和制约，才能有效防止滥用权力。只有彻底解决在制度设计上的缺漏，监督机制方面的失灵，干部权力的过大问题，约束惩治力度太弱等情况，才能根本性地遏制学校管理中的腐败，才能真正促进学校在管理者的带领下，依靠全体教师的智慧与汗水更好更快地发展。

3. 管理要帮助教师达成实现人生幸福

人类学家鲍亚士（Boas）在《原始人的心智》一文中指出，"决定人类行为习惯的不是遗传因素，而是文化因素。人类行为和信仰所反映的不是他与生俱来的智慧，而是他所生活的文化系统"。② 英国哲学家大卫·休谟（David Humer）曾说过："人类刻苦勤勉的终点就是获得幸福，因此才有了艺术创作、科学发明、法律制定，以及社会的变革。"财富、声望、知名度与其他目标都不能和幸福相

---

① 吕世伦，文正邦. 法哲学论[M]. 北京：中国人民大学出版社，1999：546.
② 胡东芳，孙军业. 困惑及其超越：解读创新教育[M]. 福州：福建教育出版社，2000：150.

比,无论是在物质上还是名望上的追求,其最终都是追求幸福的手段。①

在一个关于幸福文献的回顾中,桑娅·吕波密斯基、希尔顿和大卫·施卡德(David Schkade)说明了人类的幸福感主要取决于三个因素:遗传基因、与幸福有关的环境因素,以及能够帮助我们获得幸福的行动。② 如果说,我们对基因毫无办法的话,那么在创建与幸福有关的环境行为中、在帮助自己和他人获得幸福的实际行动中,作为学校管理者是大有可为的。如:营造自由的学术环境、规范的教学环境、快乐的工作环境,成为教师工作生活的"引路者""陪伴者"和"服务者";为教师量身设计"培训计划"、建立"成长档案袋",成为教师成长发展的"导师"和"助理"。作为学校的管理者非常有必要带领每一位成员,在崇尚文化的学校里,重温关于"幸福"的人生追求。人生于斯世,是为了生活,而非仅仅是为了生存。就生存于我们这现实生活中的每一个体而言,追求幸福是毋庸置疑的生活目标。学校管理者如此,学校的每一位师生亦是如此。

在现实中,没有任何一种制度是完美的,可以满足每一个人的需求和心意;也没有一项改革,可以及时地解决所有的问题,让所有人满意。所以,新问题永远会蹦出来,纠结冲突永远无法避免。当我们在花费很大力气去说教教师、去完善制度、去推进改革的同时,有一点是极为重要的,那就是:作为管理者的自己围绕着"幸福"这一终极追求,有过多少次自我冥想,有过多少深度的自我挖掘。在管束教师的同时帮助他们创设过哪些享受幸福、感受幸福、触摸幸福、向往幸福的环境、平台抑或措施。教育本身就应该是一项教会人追求真理和幸福的事业。所以,创建营造"幸福"的学校文化不仅仅是一句哗众取宠的理想口号,其现实意义更有价值。只有具备了那些源自于内心向上的力量,矛盾才有

---

① [以]泰勒·本-沙哈尔.幸福的方法[M].汪冰,刘骏杰,译.北京:当代中国出版社,2011:31.
② [以]泰勒·本-沙哈尔.幸福的方法[M].汪冰,刘骏杰,译.北京:当代中国出版社,2009:142.

坐下来谈的可能,利益冲突才有协商的基础,和谐也才可能变为现实。

第三节　制度建设完善美育管理机能

香山中学根据自己的校情,充分发挥自身的优势,传承办学特色,形成了一系列管理运行机制,营造了和谐发展、奋发向上的文化氛围,促进了学校各项工作全面、健康地开展。

特色建设实行校长负责制。学校党政工领导干部齐心协力,相互配合支持,积极发挥领导作用;教代会体现民主参与和监督作用,反映民意,支持校长办学思想的积极落实;学校成立特色项目领导小组,不同部门和成员职责明确;逐步健全特色建设管理制度、运行机制和支持系统,包括各项课程评价、监督和奖励制度;形成了美术教学周例会、文化美术教师双研讨等工作常态机制;学校严格执行教育法律法规,在积极落实《上海市普通中小学课程方案》的基础上开展各类教育教学活动。

完善以美术龙头课程系列管理制度。为提升学校的龙头课程——美术,助力学校的特色发展,学校针对美术教育制定了一系列行之有效的管理制度:修定美术教学大纲,完善美术课程方案,有计划有步骤地推进课堂教学;建立美术教师进修制度,分期分批去清华美院进修;建立从美术中心主任、美术教研组长、美术教师到美术仓库管理员,从美术专用教室、美术陈列室到美术储藏室的一整套规章制度;利用学校"香山艺苑"定期举办高三毕业生绘画展、高二写生作品展、高一绘画大画展和教师画展;建立定期定点的风景写生基地(安徽查济香山中学写生基地)。每学期期末考试后美术教师外出写生一周,回校举办美术教师作品创作展等。

首先,建立组织保障体系。学校成立美育特色建设领导小组,由校长挂帅,校级、中层两级主要部门负责人为小组成员,小组为主要实施部门。美育特色建设领导小组全面负责学校美育发展规划的制订、调整和实施和评价;小组还具体负责美育活动的开设、人员和相关设备的配置等。

第二,建立制度保障体系。学校按照现代管理与教育理论,根据学校的实际,建立完整的具有科学性、操作性的制度保障体系。根据学校课程建设的需要,修订了教育教学、综合管理等系列制度,形成了有香山特色的学校课程管理制度。它包括各项课程评价制度、课程监督制度和课程奖励制度。形成了比较完整的制度保障体系。包括课程评价制度、课程监督制度、课程奖励制度三个环节:

课程评价制度是有着明确的评价目的,评价形式、评价方法和评价结果的体系。通过评价检测美育课程的实施效果,发挥评价的导向功能,发挥评价的激励功能;课程监督制度要求每位参与美育课程的任课教师规范执行本课程监督制度,在教学中力争体现先进的教学思想,明确具体的学科目标和美育目标,追求优化的教学过程,选择合理的教学方法,采用恰当的教学手段,争取理想的教学效果;课程奖励制度根据美育特色课程的开发和实施情况,学校每学年度组织一次审核工作,由学校美育特色课程领导小组根据教师开发上报的美育特色课程,进行专门审定。凡符合条件者,给予一定的奖励。奖励类型有教学总结奖、教材编写奖、精品课程奖等。

第三,建立财物保障体系。财物保障包括资金保障与硬件保障两个方面。学校为了确保美育制度建设与美育课程的全面实施,为各项教育教学的日常工作、专题活动提供资金支持,如优秀学生奖励、教师专业发展、承办大型活动等。同时,不断完善教学设施,优化教育资源,加强硬件设施的配备与更新改造。如操场与体育馆的改造,学校网站的更新、专用教室教学设备与教师办公用品的添置、升级等。每个班级都安装了电脑、电视广播系统、带电子白板、背投设备。

理化生实验室、电脑房、语音室、多媒体美术专用教室,设备齐全。还给阅览室、图书室更新了设备,添置了大量书籍报刊。

第四,明确美术特色课程教学的管理。一是在课程教学管理中,确立组织保障制度。成立以学校副校长为专门分管领导的美术教育中心。中心下设主任一名,由专业的美术教师担任,美术中心主任参加学校行政会议,归学校中层干部序列,中心成员为全体美术教师。二是对美术教育制定了一系列行之有效的管理制度,从美术中心主任、美术教研组长、美术教师到美术教务员、美术仓库管理员,从美术专用教室、美术陈列室到美术储藏室都有一套明确的规章制度。对美术教师的专业培训与服务要求均有制度保证。对美术班实行"双班主任制",做到职责分明,管理到人。三是制订美术课程计划。依据国家和上海市地方颁布的美术教学大纲,从学校实际情况出发,分年级、分阶段制订课程计划。学校将美术特色教学纳入学校整体教学计划,进行统筹安排,保证协调发展。四是开展美术特色活动。如定期举办各类师生画展,邀请国内外著名美术教育专家,来学校开设美术教育教学讲座,或给学生开设专业课,承办或主办浦东新区和上海市的中小学生美术作品大赛,承办或主办华东地区美术教学研讨会等。五是成立美术特色社团。如视觉、艺术沙龙等。六是开展美术教育活动。如自然写生、书画竞赛、师生画展、社会服务等系列美术教育活动。七是组织教师外出学习。注重美术教师的专业发展,多次派送老师去国内外知名院校、艺术展馆进修参观学习。八是注重信息技术辅助。以课题"中学美术网络教育教学的实践研究"为抓手,将美术学科与现代信息技术有效整合起来,改变美术教学手段,体现美术教育多样化的特点,对外辐射"香山美术"网上教育的优质资源。

常态化的德育管理。香山中学依托艺术特色教育资源,围绕学校育人总目标,建立常态化的德育管理机制。具体制定各年级的德育分目标,以欣赏型德育基础部分、拓展部分、延伸部分为实施内容，以八大板块实施途径，以五美系列为主要评价体系，健全了欣赏型德育实施框架，将美育与德育有机组合，力求以美促德。一是美在规范，教育感化。仿效榜样，制定规矩；寻找榜样，立范正己。将规范要求以美的形式呈现，在学生的心目中扎根，使学校德育渗透到学生心灵的深处。二是美在活动，潜移默化。开展五美班级、五美学生的评比等多层次、多形式的活动，抓好学生行为规范"四个基本"工程的建设，达到以德感人、以美感人、以美载德的目的，让美德像春风化雨般潜移默化到事事、处处、时时，催人奋进。

| 第七章 |
美育资源汇聚美的引领力

　　学校美育特色建设的开发实施离不开丰富的美育资源。目前,学校在美育特色发展的主题指引下,已创建了多个立美体验的学习空间(教室)。寻求学校课程资源与家庭教育资源、社会教育资源的有效利用,以利于增进彼此的互动,增强学生的审美体验,拓宽学生的审美认知,则将是今后学校课程资源可持续创新使用的重要依托。

第一节　专家资源打造美育智库

学校确立"以美立校，立美育人"的办学理念，按照美育的规律来建设学校，将美育深深地扎根于学校文化之中。同时紧扣"敬贤、尚美、乐学、笃行"的育人目标，建立适合学生发展的美育机制，以美术特色教育为基础，将美育全方位融入教育教学。为此，学校着力打造香山中学特色教师队伍，一方面通过自身培养专业美育特色教师，满足学校美育课程的师资需求；另一方面透过学科美育培养，专家引领，打造学校美育教师，开辟出国学美育、历史美育等学科美育新路径。

学校美育特色建设的开发实施离不开丰富的美育资源。目前，学校在美育特色发展的主题指引下，已创建了多个立美体验的学习空间（教室）。但顺应时代发展的需求，尤其是数字化、智能化发展的要求，确实还需要升级和换代，"立美育人"的创新体验空间还有待进一步拓展。涵盖各学科教学的"大艺术课程"内容有待深入挖掘。借用现代信息技术手段突破传统美术学科教学瓶颈的探索，还需要持续努力。寻求学校课程资源与家庭教育资源、社会教育资源的有效利用，以利于增进彼此的互动，增强学生的审美体验，拓宽学生的审美认知，则将是今后学校课程资源可持续创新使用的重要依托。

2018 年学校成立"上海市香山中学领军人才发展导师团",聘请高校专家教授、特级教师、资深美育特色领军专家、相关行业的精英等,培训、带教、培养学校有潜质的教师,进一步提升美育专业教师队伍的质量,为打造一批香山特色教师领军人才和学科能手奠定坚实基础。

大师引领人才成长。学校聘任多位来自高校美院和市区美协的教授担任学校艺术顾问,把脉学校特色发展规划,传递艺术发展的前沿信息,开展资优学生的个性化辅导。首批校外工作室队伍,就得到多位大师的鼎力支持。近年来,"香山特色教师发展共同体"重点开展了"特级教师进校园""大师进校园"等系列活动,涉及美育、美术、语文、数学、英语、政治、历史、地理、化学、体育、音乐、物理、生物 13 门学科。参与活动的教师遍及学校所有学科,特色教师充分进行跨学科交流,相关学科教研组、备课组也积极参与其中。

学校多次输送骨干教师参加各学科名师基地学习,开展了一系列教学观摩活动和学科研讨活动。上海市名师郑朝晖语文基地、上海市名师虞涛数学基地、上海市名师吴文涛英语基地、上海市名师杨振家数学基地、上海市名师李鹰体育基地、上海市名师姚瑜洁德育基地、上海市名师陈璞音乐基地等不定期在香山中学开展学科教学活动,香山中学名师基地成员陶欣怡老师、杨素芸老师、刘晓辉老师、陈莉娜老师、李擎昊老师等开设的市、区公开课均获得好评。学校特邀特级校长、上海教育功臣、原上海市格致中学校长张志敏来校指导,助力提升学校的文化管理能力;特邀特级教师瞿剑宛指导美术学科建设;特邀浦东教发院教师发展中心周宁医主任做特色教研组建设讲座;两次聘请上海市语文特级教师黄荣华为师生分别进行国学和写作讲座。

通过这些专家的指导培训和各类美育相关活动的组织开展,进一步拓展了学校建设特色学科高地和研修高地的外延和内涵。如美术组美术特色教师宋海军,现为浦东新区骨干教师、美术学科中心组成员、浦东美术教育委员会委员、上海市美术家协会会员、上海市第六届青年美术摄影家协会委员、青年文联会员,浦东新区美术家协会常务理事,其油画《新场印象》入选"画说浦东"——浦东现实题材美术创作大展(2019.1)、油画《彩虹》入展中国国家画院美术馆举办的"今日浦东——庆祝中国改革开放40周年暨浦东开发开放28周年美术作品展"(2019.1)、油画《赞》入选上海美术家协会的官微线上展"拿起画笔、共克时艰——上海美术家在行动(三)"(2020.2.1)、油画《赞》同时入选中国美术家协会官微线上展"众志成城、抗击疫情——美术家在行动之油画篇(三十一)"(2020.2)以及入选"最美守护者"——上海群文抗疫主题美术作品展(2020.6)。

2019年在厦门召开的海峡两岸中小学课堂教学研讨会上,宋海军老师发表了题为《AI时代下的数字化校本课程开发与思考》的主题演讲,为未来的数字化教育提供了新的展望;论文《感受艺术之美陶冶高洁之情操——浅谈高中美术教学策略》发表于《最漫画·学校体音美》期刊(2018.21);论文《浅谈高中艺术课中的"对话式"教学》发表于《基础教育论坛》期刊(2019.5);2019年12月通过美术高级教师职称评审。朱彦炜老师参加了国家远程教育课程录制《文艺复兴绘画中的透视》和上海市师级慕课《人物与速写》。

近年来香山中学美术教师叶见鹏、周贤旺、宋海军、叶秋杨、陆遥、朱彦炜等受到周边10余所学校的邀请,定期讲授美术课程。叶秋杨老师带领学生参加了2019年上海国际艺术节"慧画无限"学生公共美术活动,所在的团队荣获"春山如笑"称号。美术组代表香山中学组织的团队荣获2019年"画说人生,行在上海"作品征集活动"优秀辅导老师"奖。香山中学美术特色教师的作品大量入选各级各层面展出,荣获各级大赛奖,香山中学美术老师参加浦东新区中小学美术教师基本功比赛包揽了所有5个一等奖。为进一步提升自己的学科能力,已有5位教师参加了清华大学美术学院培训中心举办的生源基地中小学教师进修班学习。学校美术学科已成为上海市美术学科高地,出现了像宋海军老师、朱彦炜老师、叶秋杨老师等美术学科领军人才。

与此同时,香山中学加大力度借助大学资源。紧密联系各艺术类高校,了解相关的专业设置、学科建设、产业发展、社会需求、艺术前沿,借助高校的师资和场地开展学校的美育教育。学校正在规划和同济大学设计创意学院展开全方位的深度合作,成为课程共享与开发、硕博研究生实践实习基地。尤其是媒体与传达设计专业,吴洁教授率领团队莅临香山就育人机制、媒体与传达设计在美育实践应用等方面进行深度协作,助力香山师生提升设计创意能力、审美鉴赏水平,强有力地推进了学校美育特色建设,使香山力争成为上海市乃至长三角地区的该专业领域的领军学校。学校现为华东师范大学和上海视觉艺术学院的生源基地,上海视觉艺术学院的德稻大师班就学生艺术创意能力培养来校做专门指导。学校和澳门城市大学连续多年合作,开展创意面具制作课程的开发。学生的面具作品曾参加米兰国际学生作品展。学校在开发数字媒体与艺术的课程中也得到了来自上海音乐学院和上海市电教馆的技术、专业支持。2020年香山中学与上海师范大学美术学院签约授牌,成为教育实习基地,签约组成产学合作教育领导小组,资源共享,共同发展,探索创新人才培养的机制,以便更好地培养学生的实践能力。香山中学一直是上海应用技术大学优秀艺术生源基地,2020年8月17日,上海应用技术大学校长柯勤飞亲临学校,为被录取的四名2020级美术与设计学类新生颁发录取通知书,并为香山设计课程送来了大学的有力支持,应用技术大学官方微信公众号推送了相关报道。

第二节　家长资源融汇美育网络

美育资源建设离不开学生家长的鼎力支持。通过开展广泛的家校合作,发挥和吸收家长的能量,拓宽育人途径。通过学生社会实践基地、家长课堂、家长调查等形式,全面了解香山中学家长资源的利用情况,不断拓宽香山中学家长美育资源网络,充分挖掘家长参与学校工作的意愿与热情。

(一)学生社会实践基地与家长课堂

学校继续完善对家长资源开发利用的长效机制,着力于"家校共同体"建设。2018 年 5 月完成新一届学校家委会改选工作,成立了新一届学校家委会领导小组。在新的任职周期内进一步挖掘优质的"香山中学学生社会实践基地"资源,依托上海博物馆、上海市孙中山故居纪念馆、上海市世博会博物馆等资源,建立了市级、区级等不同级别的学生志愿者服务基地,进一步开发家长教育资源,推进学生社会实践的平台拓展以及职业生涯工作的辅导。通过"家校社一体化"建设参与学校管理,促进家校社的协同合作,并形成合力为学校特色办学和学生健康快乐成长助力。

学校为了进一步推动高中学生职业生涯规划的指导,让学生能够有更多机会接触社会不同的职业,了解其工作流程,使学生对未来的择业有一定的方向。学校积极开拓"香山中学家长课堂"资源,2018 年特邀中国资深概念设计师、插画师肖在明为高二学生带来了《传统绘画艺术和概念设计》的讲座;邀请《中国好声音》导演组编导王琰举办了关于职业生涯辅导讲座。前辈们用亲身经历点燃了同学们对未来职业的向往与追求;邀请陈泓懿同学的父母和艺术设计师,助力孩子在学校举办个人画展。校方提供资金,学生和家长共同完成策划、文案、布展以及后续的文字报道。2020 年,学校进一步充实、拓宽社会美育资源,让更多的艺术、文创、科技领域的专业人士融入学校的特色教育,为香山学子今后的职业发展提供专业支持,为此,学校进行了第二轮家长课堂资源库的建设工作。在此项工作中,共发放 720 份调查问卷,完成相关信息调查,经学校甄选并得到家长的确认,入选新一轮家长课堂资源库。

"走进校园",聘请各行业的资深人士来为师生讲座培训,让师生始终走在专业发展的制高点上;"走到校外",利用家长的工作场所或者提供的场地,展现学生美的风采,更多的社会人士参与到学校组织的各种画展、节会;"走近社区",旨在依靠学生用自己的美术特长、才艺特长,服务于社会、反馈于社会。学生通过自己对美的理解和欣赏,去传播美的作品,弘扬美的精神,学会与更多的人分享香山美育的丰硕成果。

(二)家庭参与香山中学教育教学工作的现状调查

"浦东新区家校社合作协商促进学校治理结构完善的实践研究"是浦东新区教育综合改革重点项目之一。香山中学预期通过两年创造性的实践探索,引导广大家长基本树立现代家庭新理念,全面提升学校的家庭教育水平,为香山中学家教现代化建设提供有益的实践和理论成果。

拟在充分调查研究的基础上,了解香山中学教师、学生及家长对于家校教育合作的看法,根据存在的问题提出相关的建议和意见。并据此,为后续开展的研究提供理论支持。

首先来了解一下本次问卷调查的对象。问卷调查对象为香山中学初一、初二、初三各个年级的部分教师、学生及家长,教师采用随机抽样的方式,学生及家长采用整群抽样的方式,共发放调查问卷835份,收回有效问卷729份,有效回收率87.3%。

其中共对学生发放调查问卷370份,回收问卷351份,剔除无效问卷18份,共收回有效问卷333份,回收有效率为90%;共发放家长问卷370份,收回326份,剔除不合格问卷21份,共收回有效问卷305份,有效回收率为82%;共发放教师问卷95份,收回95份,剔除不合格答卷4份,共回收有效问卷数量为91

份,有效回收率为 96％。

调查同样采用了访谈的方式,在编制访谈提纲的基础上,通过与学校教师及管理人员、家长、学生进行交流,充分了解学校家校合作的发展现状,倾听教师、学生和家长在家校合作过程中的感悟和体会,总结其对家校合作的看法,为其他中学提供借鉴。访谈对象包括五位学校管理者,十位教师和十位学生家长。

学生问卷和家长问卷的抽样程序为,在初一至初三每个年级中通过随机的方式抽取 2 个班级作为调查样本,将调查问卷发放给每位学生,现场填写问卷并进行回收。家长问卷则发放给学生后,由学生带回家交由家长填写,完成后再带回学校,以班级为单位集体回收。教师调查问卷是选取初中部全体任课教师作为调查对象,采取逐一发放、完成后当场回收的方式。

此外,在学校课间、家长会、实践活动等场合对十位教师、十位家长以及五位教育管理者进行随机访谈。

问卷调查研究采用自编半开放半封闭式问卷,用于详细了解香山中学家校合作的情况。问卷对象分为三类,包括家长、学生和教师问卷,其结构和内容基本一致,但具体问题及项目数根据对象的不同稍加变化。访谈研究主要针对学校管理者、教师和家长进行,根据对象的不同编制相应的访谈提纲。

问卷根据调查对象的不同共分为教师问卷、学生问卷和家长问卷,问卷的结构由三个维度组成:认知层面、实践层面、评价层面。认知层面,主要分析教师、学生与家长对于家校合作的态度情况与对家校合作的理解程度;实践层面,主要分析目前香山中学家校合作的频度、途径、内容,以及家校双方合作的地位等情况;评价层面,主要分析家校合作的程度、家长委员会的评价、影响家校合作的因素,以及家校合作的效果等。根据问卷调查情况我们得到家校合作的态度、频度、评价、效果四个方面的调查结果。

表7-1　问卷的结构及题目分配

结构	维度	题项目数		
		教师问卷	家长问卷	学生问卷
认知层面	对家校合作的态度	1	1	1
	对家校合作的理解	3	3	4
实践层面	家校合作的频度	4	4	1
	家校合作的途径	1	1	1
	家校合作的内容	1	1	1
	双方合作的地位	1	1	
评价层面	家校合作的程度	4	5	4
	家长委员会的评价	1	1	1
	影响家校合作的因数	4	4	4
	家校合作的效果	5	4	6
		学生	家长	教师
不清楚		4.8	4.0	0.0
家长、教师、学校、社会共同配合		69.0	69.4	82.4
家长为主体与教师进行沟通活动		7.8	4.7	2.2
由教师组织、家长参与教育子女的活动		18.4	21.9	15.4

1. 家校合作认知层面

（1）对家校合作的态度

由图7-1可以看出，对于题目"在学生的教育过程中，你认为家长与教师进行沟通并取得合作的重要程度是"，大多数教师和家长以及半数以上的学生认为家校合作非常重要，而认为家校合作不重要或非常不重要的教师、学生和家长所占比重极少。

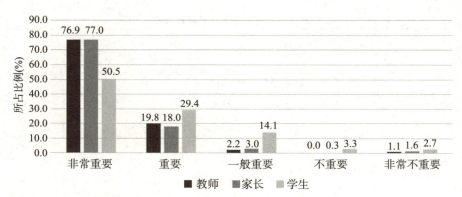

图 7-1 家校合作重要性

（2）对家校合作的理解

该维度共设有两道题目，分别是"你对家校合作的理解是"和"你认为在学生教育中谁应该担负主要责任"，结果如图 7-2 和图 7-3 所示。

图 7-2 数据显示，绝大多数教师以及大部分的家长和学生都认为家校合作是家长、教师、学校、社会共同配合，相互协作的教育活动，对家校合作有较为正确的理解。但与此同时，仍有部分教师、家长和学生的理解有所偏差，认为家校合作是由教师组织、家长参与教育子女的活动。

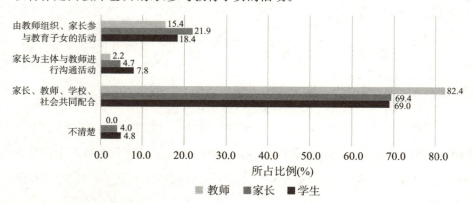

图 7-2 对家校合作的理解

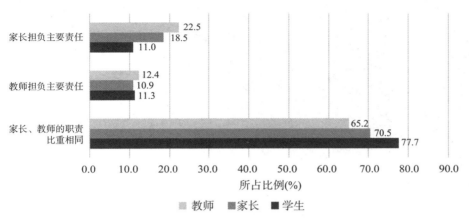

图 7 - 3 家校合作中各方比重

图 7 - 3 显示,大多数教师、家长和学生都认为在家校合作中家长、教师的职责比重相同,说明他们对于责任划分有一个较为清晰的认知。

学生对于家校合作目的的认知能够直接影响到学生参与家校合作的意愿,因此,学生问卷设置两道问题,调查"你认为教师主动与家长联系的目的是"和"你认为家长主动与教师联系的目的是",结果如图 7 - 4、图 7 - 5 所示。

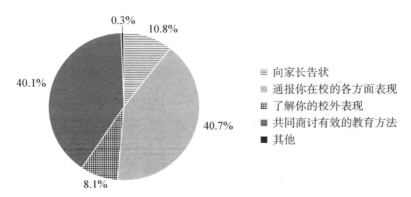

图 7 - 4 教师主动联系家长的目的

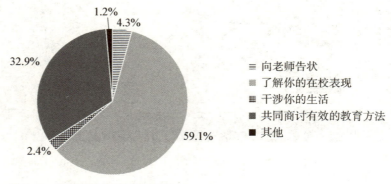

图7-5 家长主动联系教师的目的

由图7-4和图7-5可以看出，虽然大部分学生都认为家长与教师联系是为了共同商讨有效的教育办法或了解自己在家和在学校的表现，但仍有小部分学生觉得教师、家长的联系是在相互告状，这从侧面也反映了有些时候家长与教师联系后并没有采取合适的方式和学生进行沟通，导致小部分学生对家校合作的目的产生怀疑，也因此对家校合作产生了排斥和抵触情绪。

2. 家校合作实践层面

（1）家校合作的频度

由图7-6和图7-7可以看出，家长经常主动和教师交流的比例要低于教

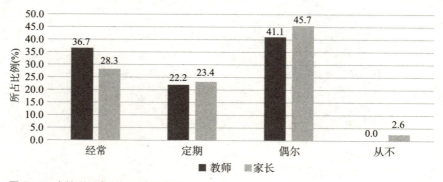

图7-6 家校联系中家长主动的频度

师经常主动和家长沟通的比例。图7-8也可以看出,每学期平均和家长联系5次以上的教师占到了61.1%,而和教师联系5次以上的家长则只占到了43.8%。三个图表对比可以看出,香山中学家校合作的频度还是比较高的,但也发现,在家校合作中,依然是教师占据主动地位。

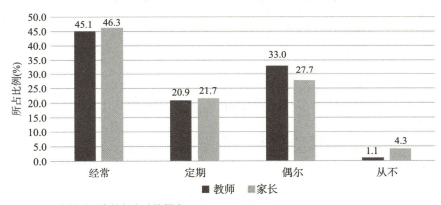

图7-7　家校联系中教师主动的频度

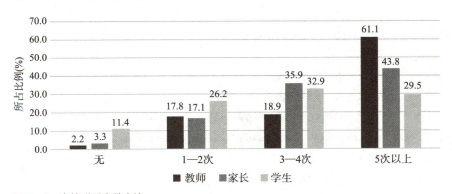

图7-8　家校联系次数占比

同时,图7-9反映出,无论是教师还是家长,定期合作都比较少,半数以上的教师和家长都是当学生的学习或思想出现问题时才会寻求合作。这样的交流合作只能起到解决问题的效果,却不能发挥预防问题的作用。

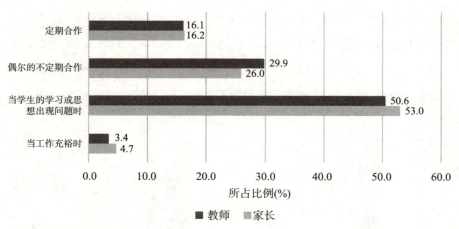

图 7-9 家校合作的时机

（2）家校合作的途径

通过图 7-10 可以看出，家校合作使用率最高的三种途径是电话、短信交流；QQ、微信、邮件等网络交流和家长会，网络媒介的普及为家长、教师之间的交流提供了更多的便利。而教师家访、书信、便条等传统方式使用率则比较低。

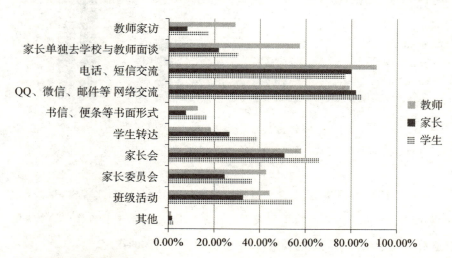

图 7-10 家校合作的途径

（3）家校合作的内容

就家校合作的内容而言，还是以学习情况介绍为主，家长和教师交流学习情况的比例高达 98.9％和 91.8％。双方在学生的思想品德状况、身体健康状况、生活适应能力等方面均有一定程度的交流（图 7-11）。

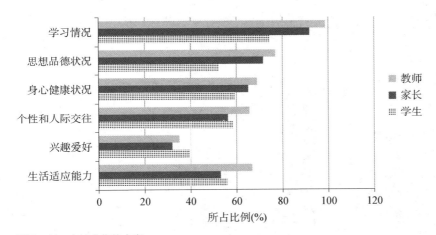

图 7-11　家校合作的内容

（4）双方的地位

图 7-12 反映出，大多数家长和教师都能认可：在家校合作中双方应该处于平等地位，但在具体合作过程中教师占据主动位置的情况居多。

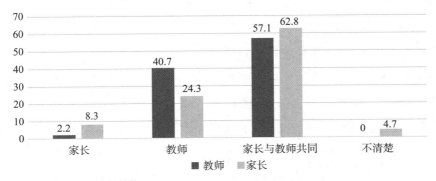

图 7-12　家校合作的地位

3. 家校合作评价层面

（1）家校合作的程度

对于问题"你所在的学校是否经常征询采纳家长意见"，从图7-13中可以看出选择"经常"和"有时"的教师、家长和学生占了绝大部分，这表明学校和教师比较重视和善于倾听家长的意见，在重大事件或活动中能够与家长进行有效的沟通。

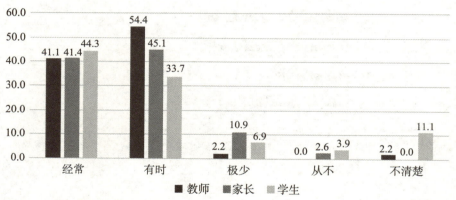

图7-13　学校是否经常征询采纳家长意见

对于问题"你所在的班级是否成立了像家长委员会这样正式的家校合作组织或机构"，从图7-14中可以看出几乎所有的教师、家长和学生都选择了"是"，这说明香山中学班级家长委员会的普及水平非常高。家长问卷增设了一道问题"作为家长，就家校合作而言，您目前参与的有"，旨在考察家长参与学校工作的程度，通过折线图7-15可以看出，目前家长参与家校合作的程度还比较低，是一种"表面化"的参与，多数还停留在居家配合学校教育孩子及与孩子讨论学校的事情层面，只有部分家长能够经常与学校保持联络、参加学校大型活动或为学校发展贡献力量，更能够真正深层次的参与学校管理决策则仅仅只有 10% 的家长。这说明家长参与家校合作的程度还远远不够。

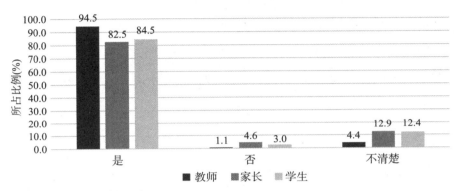

图 7-14　家长委员会普及水平

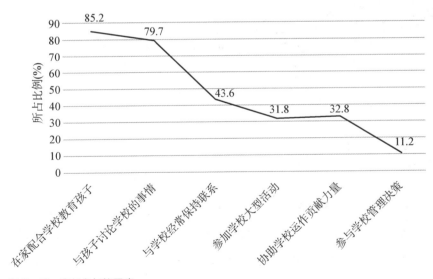

图 7-15　家长参与的程度

（2）对家长委员会的评价

在前面的问题中我们了解到班级家长委员会在香山中学的普及度非常高，那它的作用究竟如何呢，该问题就询问"你认为家长委员会的存在"，通过图 7－16 可以看出大部分的教师和家长认为家长委员会"作用很大"，而只有一半的学生作了相同回应。32.3％的学生只是认为家委会"作用一般"，这反映出家委会在实际工作过程中可能存在忽略全体学生感受的问题，工作还有很大的进步空间。

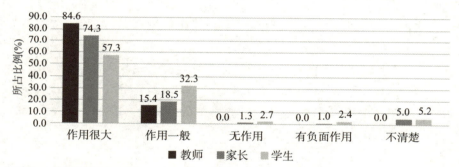

图 7－16　对家长委员会的评价

（3）影响家校合作的因素

图 7－17 和图 7－18 反映出，在"你认为妨碍家校合作的家长方面的因素有哪些"和"你认为妨碍家校合作的教师方面的因素有哪些"问题中，"时间不宽裕"是教师、家长和学生共同认可的最主要原因。除此之外，对于家长和学生来说，"联系不太方便"也是另一个重要原因。一个有趣的现象是，对于教师来说，家长"对子女教育的重视程度不够"和"合作意识不强"是影响家校合作的非常重要的因素，而家长则不这么认为。

图 7－19 和图 7－20 反映出，在对家校合作政策的了解程度问题中，绝大多

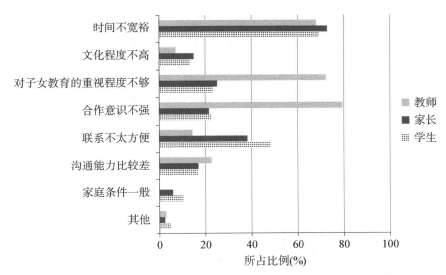

图 7-17　妨碍家校合作的家长方面的因素

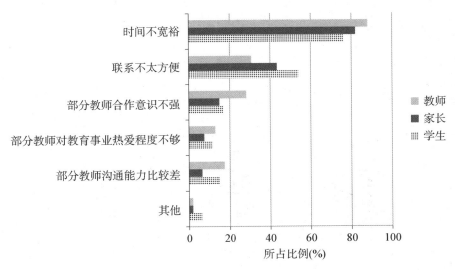

图 7-18　妨碍家校合作的教师方面的因素

数的教师、家长和学生都选择了"了解"和"一般",选择"不了解"和"十分不了解"的也占了一定比例,这说明家校合作相关政策的普及度并不是很高,政府和学校都应该加强宣传工作。在"在家校合作的过程中,有其他社会部门的参与和支持"问题中,大部分教师、家长和学生都选择了"没有"或"不清楚",这说明社会部门对于家校合作的参与和支持还是远远不足的。

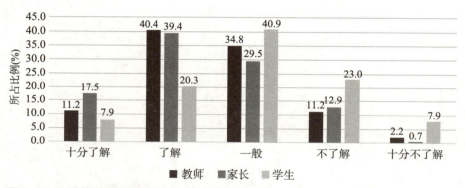

图 7-19 对家校合作政策的了解

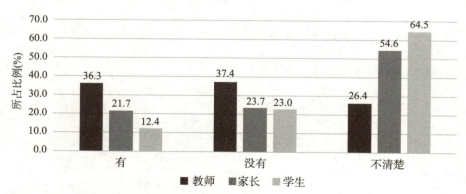

图 7-20 在家校合作中,其他社会部门的参与

（4）家校合作的效果

由图 7 - 21 可以看出，就满意程度而言，家长的满意程度最高，绝大多数表示"满意"或"较满意"，而教师和学生的满意程度则相对较低，大部分师生认为"较满意"或"一般"，而选择"较不满意"或"很不满意"的教师、学生和家长则寥寥无几。总体而言，香山中学的家校合作效果能够得到普遍认可，但在教师和学生方面仍有加强空间。

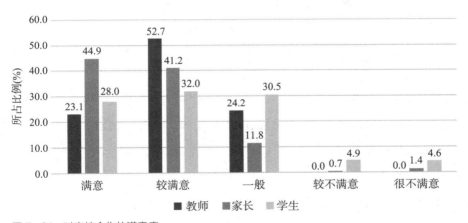

图 7 - 21 对家校合作的满意度

对于学生而言，对家校合作效果是否满意，很大程度取决于家长和教师交流合作后对于学生的理解程度，通过图 7 - 22 可以看出，选择父母和教师沟通过后对自己"非常理解"的只有小部分，仍有一定比例的学生认为教师和家长沟通后对自己存在误解，而家长对子女的误解情况更为严重。这就表明，教师和家长在合作过后对学生的教育手段仍需改进。

通过调查，我们对家校合育有了初步的整体认识。

首先，家校合作态度情况方面。通过访谈了解到，无论是学校管理人员、学

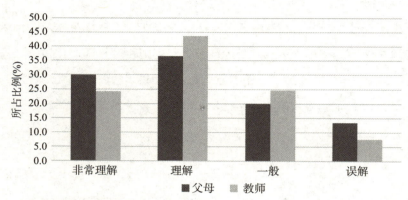

图 7 - 22　家校合作后对学生的理解程度

校教师还是学生家长都认为家校教育合作非常重要并予以了高度支持,对于进行家校合作有着强烈的愿望和动机,这是香山中学家校合作能顺利开展并取得良好效果的前提条件。

学校德育处教师认为:家长参与学校工作管理,在某种程度上加强了家庭和学校的紧密结合,既是学校教育的延伸和拓展,也是家庭教育不可缺失的一部分。从这个角度看,如果家长能够更多地参与学校管理,包括班级事务、学校事务的讨论和研究,是非常好的事情。

担任班主任的教师表示:教育是一定要有合力的,学校让学生们的学习生活更加规范,而家庭教育则使孩子们更加个性化,有助于孩子的性格、习惯养成,学习态度、方法的形成。学校教育给家庭教育以提升,家庭教育给学校教育以辅助。如果没有家校合作,很多事情无法深入。在学生的成长过程中,家长和教师都担负着重要责任。学校范围内老师责任更大,而对于学生整个人生成长而言,则家长责任更大。只有老师和家长通力合作,才会形成合力,共同促进学生的进步发展。

其次,家校合作内容情况方面。香山中学家校双方虽然对学习成绩的关注度最高,但家校合作的主要内容又不仅局限于学生的学习成绩,还关注到了学生的思想品德状况、身体健康状况、生活适应能力等方面。从以往家校合作只重视分数而不重视学生德育的情况中摆脱出来,对促进学生的全面发展有着重要意义。

学校教师表示:学生的学习成绩固然重要,但我不会只关注成绩,学生毅力、自控力、性格、人际关系、成长规划这些都是我认为非常重要的方面。例如我们班定期举办主题家长会,每次主题都不同,会对家长进行培训,内容涉及时间管理规划、怎样看待学生成绩等,要求家长与教师配合,思维一致、步调一致。还会表扬先进家长,对家长进行鼓励,等等。

再次,家校合作方式情况方面。通过问卷调查数据,不难看出,香山中学家校合作的途径和方式渠道众多,方式丰富。而家校合作使用率最高的三种途径是电话、短信交流,QQ、微信、邮件等网络交流和家长会,网络媒介的普及为家长、教师之间的交流沟通提供了更多的便利条件。反观教师进行家庭访问这种极为传统的促进学校与家庭联络的渠道,随着现代社会的发展和生活节奏的加快,加之个人隐私和空间的强化与学生家庭住址越来越分散等原因,开始变得日益式微。

初二年级的班主任认为:电话沟通及时性比较高,能够针对学生及家庭的具体情况进行沟通,涉及内容比较广泛;而面谈就相当于换了地点的家访,能够针对学生及家庭的具体情况进行沟通,能够深入交流;而 QQ 群、微信群等新兴的网络通信方式主要适合用来下达班级集体通知。

此外,教师们和领导层展开了一系列的研究讨论,在联系学校本身的特色和环境之后,探索提出了内容丰富的家校教育合作方式,促进了家校合作的顺利进行。举例来说,初三启动仪式后,学校会组织家长、学生共同参加拓展活动,上课也邀请家长参加,协助班主任做好学生思想工作,维持班级纪律,给班主任减轻压力。学校定期举行家长开放日、家长培训讲座等,极大地拉近了家校之间的距离,增强了家校合作的效果。

最后,班级家长委员会作用情况方面。在问题"你认为家长委员会的存在作用如何"的回答中大部分的教师、家长和学生认为家长委员会"作用很大",极少数师生认为"无作用"或有负面作用,总体来看香山中学的班级家长委员作用发挥显著。家长委员会对于班级家校合作起到了至关重要的作用。

对于如何组建一支优秀的家委会团队,初二年级一位班主任老师在访谈中总结了他们班级的经验:我们班级的家长委员会在组建之初,我花了整整一个月的时间挑选家委会成员,根据家长的优势、特长、性格等安排与之相对应的职位,例如有魄力的人适合担任领导,而秘书出身、全职主妇等家长则有充分的时间策划方案,从事保险行业的家长则善于与人沟通,适合为班级采买物资。我们班级可以说是充分发挥每位成员的作用,与家长一对八、一对十进行对接。当发现家长群体出现问题(议论老师、发布负能量消息)时总能够第一时间进行沟通解决。每次班级会议家委会都会进行记录,每次活动也都形成闭环,不断反馈、沟通,对我的工作起到了非常大的辅助作用。

(三)家校美育资源建设现状及展望

首先,家长群体参与度有待提高。

在调查问卷当中,有几项问题是关于家长和教师主动性的调查,数据结果表明,家长经常主动和教师交流的比例要明显低于教师经常主动和家长沟通的比例,每学期平均和家长联系 5 次以上的教师占到了一半以上,而和教师主动联系 5 次以上的家长则不到一半。总体来说,香山中学家校合作的频度还是比较高的,但在家校合作中,可以看出依然是教师占据主动地位,很多家长还未意识到家校教育合作的重要性，认为教育孩子主要是学校的事，缺乏主动参与学校教育、与教师进行沟通合作的意识。

通过进一步研究访谈，我们发现，许多家长虽然能够积极参与家校合作，然而在具体合作过程中与学校的地位并不平等。学校和教师处于主动地位，承担主要责任，负责大小事务的管理、决策，而学生和家长则处于被动地位，对于学校的计划安排只能被动接受。在这样的合作中，家庭教育极易沦为学校教育的附属品，家校合作效果必将大打折扣。

另外家长问卷还设有一道问题"作为家长，就家校合作而言，您目前参与的有"，旨在考察家长的参与层次与程度。数据结果显示，目前家长参与家校合作的程度还比较低，只是一种"表面化"的参与，多数停留在居家配合学校教育孩子及与孩子讨论学校的事情层面，只有部分家长能够经常与学校保持联络、参加学校大型活动或为学校发展贡献力量，能够真正深层次的参与学校管理决策则仅仅只有10％的家长。这说明家长参与家校合作的程度还远远不够。

其次，年级与校级层面的家校合作有待深化。

在香山中学，各个班级都普遍成立了家长委员会，且对家校合作发挥了重要作用。然而，通过问卷调查及访谈发现，年级和校级家长委员会发挥作用不明显，中观层次的家校合作弱化。

课程处主任在访谈中对此作了如下说明：香山中学分为初中部和高中部，学校主要采取分年级管理的方式，很多时候并没有统一标准，赋予各个班级很大的自主权，又由于家长参与更多的是后勤一类工作，主要由各个班级的家委会针对班级情况开展工作。虽然成立有年级和学校家委会，但学校作出重大决定特别是和学生有关的重大决策，也会邀请家长代表参加，还会发函告知和征求意见，比如开放日活动征求了从初一到高三六个年级家委会的意见。考虑到家长平时工作比较忙，学校层面的事情又比较繁琐，而且学校年段跨度太大，有初中和高中，年段不同，全校性的家委会反而会对学校工作造成一些阻滞，还是小范围内比较好。

再次，家校双方还需加强对相关政策的学习力度。

系统化的法律法规可以对家校教育合作产生极为深远的影响，没有健全的制度保障是目前家校合作出现诸多问题的重要原因。学校、教师和家长只有深入了解相关政策法规，才能明确家庭是否参与学校教育、家校双方合作关系如何、应采取哪些合作措施等，这对于促进家校合作的顺利进行有着重要的意义。

然而，分析问卷调查数据后发现，在对家校合作政策的了解程度问题中，多数的教师、家长和学生都选择了"了解"和"一般"，选择"不了解"和"十分不了解"的也占了一定比例。在访谈中也同样了解到，教师、学生和家长所了解的相关政策寥寥无几。这对于家校合作的开展必然会形成一定阻碍。

最后，社会其他部门对家校合作的参与度还需提高。

家校合作的开展离不开大的社会背景，因此，除了家校双方需要为家校合作的顺利开展作出努力，外部社会也需要积极支持与参与合作。然而通过调查及访谈发现，当前家校合作主要为部分教育机构的自发行为。在家校合作的过程中，"有其他社会部门的参与和支持"问题的回答，大部分教师、家长和学生都选择了"没有"或"不清楚"，而通过访谈也进一步印证了这一现象：社会其他部门对于家校合作的参与和支持是远远不足的。

在全面了解家校合作不足的同时，我们仍应该积极地看到未来在家庭维度拓宽美育资源的潜在发展增长点。以社区为背景推动学校教育、家庭教育的发展，有助于提高社区成员的整体素质和生活质量。社区教育已成为学校教育、家庭教育的有益补充和延伸，并日益成为学校教育的校外实践基地。因此，我们应为家校合作作出进一步努力。

首先，要提升家长的参与意识。

提高家庭教育地位，提升家长参与层次，需要家校双方共同努力。一方面，要让家长认识到其在子女的教育过程中地位与学校完全平等。另一方面，作为校长、学校管理者与教师，理应摒弃诸如"学校是专业的教育机构，家长的参与会影响和干扰学校正常的教育教学工作"的一类观点，用开放的心态吸纳广大家长参与到学校教育中来。

学校自身更应承担这一重任，对于香山中学来说，领导者应首先转变思想和心态，把家长的监督和参与视为重要的外在力量而不是阻力。同时，采取更多切实可行的措施，鼓励、支持家长参与学校的决策管理，尤其是不能够使家长仅仅停留在以承担后勤工作为主的"表面化参与"的层面上，相反地应该让家长从更深层面积极参与学校的管理和重要决策，不断加深家长的参与程度，从真正意义上促进学生的发展。例如建立家长学校，完善年级、校级家长委员会，让家长能够深入到学校日常管理决策的方方面面；开通家长建言献策热线，让家长能够随时将自己的意见建议反馈到学校，等等。

其次，要完善家长委员会建设。

完善年级和学校层面的家长委员会，能够使得更多的家长深入参与到学校管理决策过程中，从事家长委员会的相关工作，代表家长提出合理化意见和建议，更好地发挥监督、评价作用。

完善年级和校级家长委员会后，一方面学校要向家长传达和解释学校对家庭教育的意见和要求，协助学校参与教育教学、管理及德育工作；另一方面，家委会成员要将家长对于学校工作、政策的相关意见和建议，及时向校方进行反馈，凝聚家长和社会力量，提供课外、校外的资源支持。此外，年级与校级家长委员会还能够更好地发挥监督与评价的功能，有力地保障了学校各项工作的透明规范。例如，在学校食宿条件、学杂收费、购买辅导书等问题上，家长委员也能发挥监督者的作用，促使各项工作规范有序进行。

再次，要使家长成为课程建设的重要参与者。

家长参与到课程的决策过程中，不仅能提高学生的学习成绩，而且可以改善学生的学习行为，提升其学习动机。国外多年的研究表明，家长参与学校的教育与管理，对中小学生在社会、情感、意识和学业方面的成长与进步有着重要影响。美国西南教育发展实验室的一份报告显示：当学校、家庭和社区共同参与教学时，学生在学校的表现会更好，更喜欢学校，待在学校的时间更长。同时，该研究也表明，无论家庭的收入和背景如何，只要家长参与教学，学生就有可能取得更好的考试成绩，选修更高水平的课程，超过班级的其他学生，同时顺利获得学分，社交技能更强，能更好地适应学校。该研究还表明，家长参与也能提高教师的士气、热情，增强他们的教育责任感、自豪感。

然后，要筹划建设好家长学校。

家长学校是社会主义精神文明建设的重要场地，是宣传正确的教育思想、弘扬中华民族的优良传统、普及家庭教育科学知识、落实社会主义核心价值观的良好场所，是广大家长了解孩子生理、心理发展、掌握科学的教育方法和技能，协助学校共同促进学生健康成长的主要窗口。

筹划和建设好家长学校有利于家庭教育的科学规范，形成良好的家庭教育氛围；有利于家、校沟通，形成教育合力，提高家长的育人素质；也有利于促进学校的各项管理，改善学校的教育教学质量。

最后，要整合社区优势资源。

学校、家庭与社区合作共育，不仅是我国学校教育依法治教的需要，也是发挥教育的整体功能、促进学生全面发展的需要。充分挖掘利用社区资源包括本土自然资源与人文资源，广泛动员并组织协调各方面力量，能为学生提供更多的学习机会和成长空间，也为家长了解和参与社区教育提供良好的渠道。许多家长随着社区主题教育与孩子一起探索、尝试、思考，可以促进家庭成员之间的交流和家庭亲情。同时社区教育也潜移默化地影响着每一个家庭的生活方式，在教师、其他家长的教育经验影响之下，对于家长的家教理念更新起到了积极作用。

第三节 社会资源深化美育内涵

（一）积极对接各级社会团体

香山中学与上海市美协、浦东新区美协、区名师工作室等对接。上海市美协于2015年10月在学校开设面向社会的美术专业考级点，并定期派出专业力量对学校的美术工作予以指导，对特长学生予以个别的辅导；浦东新区美术家协会驻香山中学书画教学基地挂牌成立。该基地协助学校开展青年教师培养、拔尖学生辅导、策划筹办"香山杯"新区中学生美术大奖赛、开设国画和书画拓展课程；浦东新区美术名师基地在校挂牌；学校承接主办"浦东—香山杯"中小幼书画展；邀请上海市著名画家俞晓夫、黄阿忠、张培础、罗朗和学生进行专业交流，邀请美术专家为学生进行集中辅导并现场指导学生书画等。

学校紧密联系各艺术类高校，了解相关的专业设置、学科建设、产业发展、社会需求、艺术前沿，利用高校的师资和场地开展学校的美育教育。学校目前作为华东师大和上海视觉的生源基地；每年都和澳门城市大学联合举办创意面具设计展；也得到了上海音乐学院和上海市电教馆的技术和专业支持，开展了新媒体艺术课程项目的开发。

为支撑学校发展对师资队伍建设的迫切需求，学校构建了充满智慧与活力的"香山特色教师成长发展共同体"，现有46名成员，覆盖全部学科特色教师发展共同体。通过健全特色教师评价制度，促进教师优势发展。先后制作了《香山中学特色教师发展方案》和《香山中学特色教师考核手册》。通过两周一次的例会，每学期自评，每学年考评，帮助共同体的老师定位教学优势，形成特色化的教学风格，量身打造特色教师的发展规划，并建立有特色教师激励机制；通过搭建特色教师发展平台，提升教师的育美能力。结合特色潜能挖掘工作坊、论坛研讨、跨学科交流、展示观摩等共同体培训研修活动，搭建特色教师专业发展平台，加快了特色教师的审美素养、国学素养和跨学科跨界别的专业素养的提升，提高了教师整体的育美能力；筑起了特色教师的成长梯队，加快了青年教师的培养力度。

优秀教师带领青年教师手拉手共成长，形成了发展梯队，学校一方面搭平台结对子，一方面给任务、压担子，让青年教师的潜能和特色得到了充分发挥，使其尽快成长为爱岗敬业、业务过硬的香山美育生力军。

在"香山美育教学研究中心"的引领下，特色教师开展学科美育课题研究，挖掘学科美育元素、在学科教学中对学生渗透立美教育的内容，有目的、有计划地探索立美教育体系建设的实施途径，以切实培养学生的审美素质和立美能力，全面提高学生的综合素质，依靠教师发展推进学校素质教育的实施和美育特色的发展。

近三年来，相继有优秀的特色教师脱颖而出，美育成果在校、区、市、乃至全国都初具影响力。香山中学特色教师形成的专著有 8 本，其中 2 本即将出版，6本已完结。曹琼老师率领的语文组团队编撰的《至德五常》国学美育校本资料被多家学校选定为必修课程；黄长德老师精心挑选的画作，配上自己独特的感受与见解，赋予了作品更为深刻的内涵；王蕴老师对于《诗经豳风·七月》的研究已经到达了一定的境界。在她的指导下，师生共同创作诗歌并结成集。特色教师以课题为引领，在不同的平台快速成长，参与的课题总计 17 项，其中国家级 1 项、市级 3 项、区级 2 项、校级 11 项。人民大学教育科学研究课题基于数字化时代的"美育塑造学生美好心灵"还在持续研究中，中期报告《建构"塑造学生美好心灵"的学校美育课程体系》已经成文，为香山美育发展提供了新途径；上海市教委的《基于区域特色课程创造力实践与研究》课题，香山中学作为人文板块的盟主学校，联合新区其他学校共同研究，"智慧、融通、生命"的研究将为学生提供更多精神层面与美育内涵的指导；多个校级课题，让特色教师在教育教学中更"接地气"，让学生们更喜欢此课程。目前，已形成有论文 23 篇，核心期刊 10 篇、市级期刊 4 篇、区级期刊 9 篇；特色教师宋海军在面向未来的美术教育 2019 海峡两岸中小学课堂教学研讨会发表主题演讲《AI 时代下的数字化校本课程开发与思考》，为未来的数字化教育提出了新的展望；朱彦炜老师在长三角美术教育论坛上作了《核心素养背景下的美育教育》的演讲，引起与会者的极大兴趣；其他学科的特色教师在不断进行学科渗透美育研究的同时，更是把美育扎根进了自己的专业，从而形成了一篇篇凝结自身经验的文章。3 项课程分别入选国家教育部、上海市教委和香山中学慕课平台；特色教师在专业领域不断修炼，获奖 26 人次，其中国家级 1 项、市级 10 项、区级 14 项：金炯延老师荣获 2019 年"上海市优秀园丁"荣誉称号，丁晶老师、徐际红老师荣获"浦东新区优秀园丁"荣誉称号。新教师也有了快速成长。周倩雯老师荣获 2018 年上海市中小学（幼儿园）见习教师基本功大赛二等奖（基地）；学校社工丁晶老师带领的 CR-BEAUTY 项目组在 2018 上海青少年志愿服务项目征集评选展示活动中获优秀项目组，还在"志愿心益路扬帆"上海青少年志愿服务项目征集评选展示活动中获暖心导师奖。美术老师有 6 幅作品分别被选送北京参加"庆祝中国改革开放 40 周年暨浦东开发开放 28 周年美术作品展"、中国美协参加"众志成城、抗击疫情——美术家在行动之油画篇（三十一）"、中华艺术宫参加召唤——上海市抗击新冠肺炎疫情美术、摄影主题展、市文联参加"最美守护者"——上海群文抗疫主题美术作品展、浦东新区参加"画说浦东"——浦东现实题材美术创作大展；指导学生获奖 18 人次，参加 2019 中日友好青少年绘画展荣获三等奖、黄梓轩等同学的电脑制作作品荣获上海市三等奖、高中女子羽毛球荣获新区团体第一名、胡俊如等同学在市作文竞赛中荣获二等奖……。特色教师在"以美立校，立美育人"办学理念的指引下，始终围绕"让每一个学生向美而行"的学生发展宗旨，使香山师生成为了德、智、体、美、劳——"五育并举"的践行者。

（二）积极构建"特色教师发展共同体"

为支撑学校发展对师资队伍的迫切需求，学校构建了"香山特色教师发展共同体"。两年来，香山中学特色教师发展共同体在领军团队的带领下、特色教师在共同研修、个人践行中取得了丰硕成果，优秀的特色教师脱颖而出，美育成果在校、区、市，乃至全国都有了一定的影响力。"香山特色教师发展共同体"共开展全体活动 43 次，参与教师达 1 344 人次。其中，师德研修 8 次，参与教师 240 人次；"特级教师进校园""大师进校园"系列活动 26 次，参与教师 702 人次；"美之实践"9 次，参与教师 260 人次。此外，四个小组开展小组研讨活动共 8 次，特色教师校内外个人研修总数达 525 次。通过多方式、多形式，开展研修与实践。参与的课题项目共 17 项，国家级课题 1 项：特色教师发展共同体组长顾霁昀校长领衔的"基于数字化时代的'美育塑造学生美好心灵'的实践研究"；市级课题 3 项：分别是特色教师发展共同体组长顾霁昀校长领衔"基于区域特色课程创造力研究与实践——人文板块报告《智慧、融通、生命》和构架以审美和人文素养为核心的美育课程体系——中期成果《香山中学美育课程》实施及基于评估诊断的学校课程发展研究——向美而行—香山中学课程规划；区级课题 2 项：特色教师发展共同体组长顾霁昀校长领衔的浦东新区级重点课题"基于美育体系的特色学校建设的再实践研究"，通过中期检查荣获 A 级等第；特色教师张燏老师个人区级一般课题"美育融合进学科教学路径研究"通过浦东新区立项；校级课题 11 项（见校级课题一览表）。此外，特色教师们共获得区级以上个人奖项 23 项；发表论文 18 篇；开展公开课 32 节；撰写个人书籍 8 本。

　　中国美术家协会会员、上海市特级教师、美术正高级教师、上海市美术名师基地主持人、首届国培计划专家、上海师范大学美术学院兼职教授瞿剑宛老师莅临香山中学，为特色教师带来题为"构建'塑造学生美好心灵'的学校美育课程体系"的讲座。瞿剑宛老师把扎实的理论与生动的案例相结合，从五个方面阐释了学校美育课程体系建设与塑造学生美好心灵之间的紧密关联。讲座后，特色教师深受启发，主动深入开展美育课堂探索，撰写美育课堂教案。瞿剑宛老师再次莅临学校，以《美育视域下的教师责任与担当》为题目，对特色教师的职业发展进行了指导。讲座中，瞿剑宛老师强调了"五育并举"背景下美育的新内涵、新特征及疫情发生后"时代美育"课程的开发与实施。同时，香山中学青年特色教师叶秋杨老师的油画作品《逆行》正在中华艺术宫"召唤——上海市抗击新冠肺炎疫情美术、摄影主题展"参展。特色教师宋海军老师的油画作品《彩虹》被送选至中国国家画院美术馆举办的"今日浦东——庆祝中国改革开放 40 周年暨浦东开发开放 28 周年美术作品展"。

　　上海市特级教师、语文正高级教师黄荣华在为特色教师带来讲座的同时，与香山中学语文教研组进行了深入交流指导。香山中学语文教研组每学期开展多项学生活动，语文特色教师指导学生多次获奖，语文特色教师黄长德先生编撰了《题画诗 100 首》和《中国题画诗十五讲》、语文特色教师王蕴编撰的《樽酒启美》专著即将出版发行。最近特级教师黄荣华老师《点燃生命的灯火——于漪老师教育思想学习》讲座，深化了特色教师对于漪老师教育思想的认识，并通过积极行动，开展了"于漪老师教育思想学习——写"评比活动、"于漪老师教育思想学习——诵"活动、"于漪老师教育思想学习——讲"活动，获益匪浅。

　　为加快特色教师的成长发展,学校一方面请进专家学者,另一方面选派教师参加多种形式的学习交流。学校有 10 名教师先后参加了名师基地的学习,其中,大学毕业三年的青年特色教师周倩雯获得了 2018 年上海市见习教师基本功大赛二等奖,并于 2020 年 6 月从骨干教师后备班结业;大学毕业三年的青年特色教师陆遥于 2019 年进入中央美院进修班学习,并连续参加 2019、2020 两年的上海市高考命题;2020 年陆遥老师的油画作品《武汉加油——人间有真情》送选至上海市抗击新冠肺炎疫情美术、摄影主题展;周忆嘉老师、陆琬依老师、谷谢爽老师、潘毅玮老师等九名青年教师参加了全国"英语教师能力与素养提升—教育戏剧"培训,为打造复合型美育人才;储备了人力资源选送管杰老师、金炯延老师、李寅莺老师、瞿赟老师赴广东潮州参加了全国第 26 届班集体建设"积极心理,阳光教育"高峰论坛暨班主任核心素养培育实证研究课题研讨会,进一步提升了学校班级美育建设能力。学校先后组织特色教师团队开展了"美之足迹"走访学习系列活动,如:地方文化寻访——特色教师参观千年古镇(新场)、美育素养提升——特色教师参观上海博物馆、参观"董其昌书画展"、参观金桥碧云美术馆、参观震旦博物馆、参观刘海粟美术馆、参观《时代风采——上海现实题材创作画展》;特色教师齐士臣副校长率美术教师参加意大利米兰布雷拉国立美术学院研学交流;特色教师率学生团前往日本九州进行考察交流活动;特色教师带领高二学生赴中国美院研学;刘晓辉老师参加英国特色艺术高中考察学习。美育素养获得了显著提升;同时"美之足迹"活动也撒播了美的种子,如:特色教师齐士臣老师、叶见鹏老师、陈莉娜老师被邀至西藏江孜县指导教学;特色教师刘晓辉老师、管杰老师被邀至山西柳林县教育局指导高中艺体特色建设,在当地介绍香山中学"以美立校,立美育人"的理念、美育特色课程,并开展了美育讲座,有力地传播了美育理念。

第四节　校友资源开拓美育平台

每一所学校的校友资源都是一个丰富的宝藏。我们关注每一位学生的成长道路。在学生的培育过程中,我们也同样坚信,感恩与回馈的价值思想已经深入学生的心灵。充分发挥好校友资源,将会进一步拓宽美育资源的利用效能。毕业生的年龄与在读生的年龄差距普遍不大,这将有助于美育思想与理念的传承与发扬。理论需要与实践进行有机的结合,每一位毕业生进入社会以后都是将自身理论与实践的结合的社会化过程。学校美育建设不是单打独斗、闭门造车,而是要学会广泛挖掘与利用一切可用的美育资源。通过香山中学毕业生的宣讲活动,帮助在读学生提前了解社会现实,厘清自身的兴趣方向,为自身未来的发展奠定良好的基础。

香山中学科学合理地利用好校友资源——发起"优秀毕业生回校"系列活动。第一期就有大量校友加入:金婉(班主任朱晓园)、杜承燕(班主任周冰)、李元凯(班主任李鸿雁)、刘葱(班主任杨素芸)、虞倩倩(班主任孟晓颖)、史朦(班主任孟晓颖)等。毕业生围绕生涯发展指导等主题,多次回母校举办讲学。报名参与的优秀毕业生达 50 多人次,他们在各行各业发光发热,如公安系统内嫌疑人画像讲师是香山中学首届美术班毕业生;演员唐嫣婚礼珠宝的设计师是香山中学美术生;广播 FM101.7《绕着地球跑》栏目长期特约嘉宾是香山中学的体育生;新生代影视姊妹花也是香山中学美术班双胞胎姐妹;2019 年全国最美中学生现为上海理工大学学生;他们不忘母校,定期来校分享个人成长的经历,启发同学的艺术梦想,激发他们的学习动力。校友特刊《浮云游子意红叶故园情——香山校友风采录》的创办为在校的香山学子提供了精神支持,为"向美而行"提供了行为动力。

除聚焦校友资源外,学校根据特色教育发展需要,坚持专兼结合、内培外引的策略,着力加强师资队伍的建设,为特色教育奠定坚实的师资基础。

学校注重修炼内功,培育特色教师发展共同体。紧紧围绕美育特色的主线,遵循"注重师德,争创先进,优化结构,彰显特色,定向培养"的原则,致力于建设一支德才兼备、覆盖全学科的香山特色教师队伍,逐步形成了学校特色教师发展共同体。通过共同体研修、读书拜师、论坛研讨、跨学科交流、展示观摩等"走出去请进来""外炼内修"等途径,搭建校友兼职教师成长平台,提升特色教师的发展潜能。同时,借助自身的成长方案的规划,沉淀文化修养的积累,提升教师跨学科跨界别的专业素养,不断提高校友资源的利用效率。

目前,学校已成立了新的校本研修领导小组,修订了"教师发展及校本研修管理制度"。在初步实施的过程中,对校本研修工作进行了整体顶层式设计。学校定时定点开展校本研修讨论活动,在广泛听取教师、专家的意见,接受新区教育发展研究院专业指导的基础上,统筹推进学校校本研修工作,进一步完善校本研修系列管理机制。

学校课程处与相关处室结合,适应学校美育特色发展的需要,根据专业性、创新性、开放性的原则,制定了《香山中学特色教师发展规划》《香山中学特色教师考核手册(讨论稿)》。在具体实施过程中,定期组织特色教师发展共同体成员展开讨论、修改、完善,制定完成有《香山中学特色教师发展规划(定稿)》《香山中学特色教师考核手册(定稿)》,每学年进行考核,配套绩效工资分配办法的完善,建立了学校特色教师激励机制。

学校围绕"以美立校,立美育人"的办学理念,按照美育的规律,将美育深深地扎根于校园文化建设中。同时紧扣"敬贤、尚美、乐学、笃行"的育人目标,建立了适合学生发展的美育机制,再以美术特色教育作为基础,将美育全方位融入教育教学。为此,学校着力打造了香山中学特色教师队伍,一方面学校通过自身培养专业美育特色教师,满足学校美育课程的师资需求;另一方面通过学科美育培养,充分挖掘校友资源,打造美育兼职教师,开设有国学美育、历史美育等学科美育课程,形成了一批具有美育特色的校友兼职教师。

学校组建了校外大师指导工作室。聘任多位来自高校美院和市区美协的教授担任艺术顾问,把脉学校特色发展规划;开展资优学生的个性化辅导,首批校外工作室队伍,已得到多位校友的鼎力支持。第二、第三批校外工作室队伍正在积极接洽中。

学校不断充实"上海市香山中学领军人才发展导师团"的力量,聘请了高校专家教授、特级教师、资深美育特色领军专家和相关行业的精英,培训、带教、育养学校有潜质的教师。首批"上海市香山中学领军人才发展导师团"为进一步提升美育专业教师队伍建设,打造香山特色教师领军人才和学科能手奠定了坚实基础。学校将致力于筹建"美育研究中心",培养更广更高层面的"美育研究"人才。

| 第八章 |
美育活动积累美的鉴赏力

　　香山中学以"以美立校,立美育人"的办学理念,引领着全校师生共同前进,把德行尽善、艺术尽美、科学求真融为一体,继续拓展美育途径,为师生搭建展现个性,促进全面发展的舞台。学校一直保持着稳健高位地特色发展,美术专业成绩斐然,美育实践成果喜人,学校辐射力、影响力日益广泛。

第一节　跨文化交流促进美育合作

香山中学围绕"以美立校,立美育人"的办学理念,引领全校师生共同前进,把德行尽善、艺术尽美、科学求真融为一体,继续拓展美育途径,为师生搭建展现个性,促进全面发展的舞台。学校一直保持着稳健高位地特色发展,美术专业成绩斐然,美育实践成果喜人,学校辐射力、影响力日益广泛。

特色高中建设期间,香山中学积极开拓国际交流渠道,深度构建交流平台,从整体设计学校课程框架和体系出发,研修特色综合课程。学校聘任了法国巴黎 Marie Curie 高中、巴黎第九大学 Dauphine、巴黎 ESSEC 商校教师 Remi Leurion 先生为英国美术艺术特色校交流顾问;校课程处主任参加了"基于区域特色的学校综合课程创造力研究和实践"项目,赴英国学习实践培训,获得了英国奥德赛教师培训学校联盟颁发的实践培训结业证明,回国后受浦东新区教发院邀请,参加了中英数学教师交流项目培训会议,为浦东新区全体赴英数学教师作了关于《英国中小学数学课堂教学简介》的报告。

香山中学多次组织学生参与国外研学活动,为学生提供国际交流的平台。在中日友好青少年绘画比赛、2019 年中日友好青少年绘画比赛中学校荣获优秀组织奖,共有 14 位学生的作品获奖,作品分别在中国上海及日本福岛展出;在意大利研学活动中,学生们参观了米兰布雷拉国立美术学院,并积极探索意大利课程班的建设;学校继续参与 2019 年上海国际艺术节"慧画无限"学生公共美术活动,2019 年 10 月 30 日香山中学师生赴普陀区 M50 创意园参加了"风之谷"填色活动。

香山中学积极参与其他形式的涉外艺术活动。在学校组织的"美的足迹"系列活动中,齐士臣校长率美术教师及学生参加了意大利研米兰布雷拉国立美术学院研学交流。在第八届校园文化艺术节——爱尔兰周主题活动上学校晓津文学社贡献了《为你读诗——永恒的叶芝》、香山戏剧社贡献了《自深深处——走进奥斯卡·王尔德》、莺韵艺术社贡献了《艺术盛宴——大河之舞》、美术中心贡献了《我眼中的爱尔兰》绘画展、诗画同源社贡献了《自由之光——詹姆士·乔伊斯》等作品,并在午间休闲课程组织师生观看《晓说》爱尔兰系列。爱尔兰驻华大使馆经济参赞 John Lynam 先生专程来参观了爱尔兰周主题活动绘画展,与学生就中爱两国间文化、艺术、经济等进行了交流与分享,吴剑青老师赠画《春画》于爱尔兰驻华经济参赞。

香山中学积极开展多形式、多语种的外语教学,为学生搭建多元文化交流学习的平台。学校先后选送 3 名语文学科教师、5 名英语学科教师、1 名历史学科教师,共计 9 位青年教师参加上海市组织的英语戏剧课程师资培训。通过师资培训,学校目前开设初高中二个英语戏剧社团,聘任外籍教师作为英语戏剧社团艺术指导,近三年时间有近百人参加了戏剧社团,学校每年也通过艺术节、英语节等活动为学生搭建舞台;从 2018 年新教师招聘起,学校将获得第二外语专业证书作为新教师优先录用标准,目前已经陆续引进获得"阿拉伯语""法语""日语"等第二外语专业证书的新教师,正是这批教师的引进,学校陆续开出了"阿拉伯语语言文化"和"法语语言文化"课程,为了让学生有机会了解更多国家和地区的风土人情、开阔国际视野,学校专门开设出由外籍教师执教的"意大利语语言文化"课程,促进多元文化的交流学习。

以艺术为桥梁,探索教育国际化道路。开展多种形式的国际交流与合作,从中汲取东西方美育课程的经典和精华,形成一批学校美育课程新资源,并发挥资源的教育功能,推动学校美育课程的整体优化。

2015年起参与浦东新区和芬兰库奥皮奥市的友好结对项目,接待芬兰奥市市长代表团,并和芬兰的露米特艺术高中结成姊妹学校,两校每年都有近10位师生的互访,共建了网站,并就戏剧课程的开展进行了互访合作和交流。

2015年5月,学校与美国驻上海商务部和美国伊利诺伊沃德艺术高中结成友好学校,就两校共建艺术创意设计课程达成了初步的意向,并通过沃德艺术高中和伊利诺伊地区的两所艺术类大学取得联系,今年10月学校教师将访问该姊妹校。

2004年以来,共组织33次国际来访或交流,8次港澳台来访,42次国内来访或交流。

2004年11月,承办"上海市——大阪市缔结友好城市30周年中日青少年手绘明信片展",王露映同学获日方最高奖"樱花奖"。

2005年10月,承办"上海市——大阪府缔结友好城市25周年高中生绘画展"。在日本大阪展出后又移至香山展出,戚言冰同学的作品获"最佳作品奖"。

2006年11月,承办上海市"香山杯"中小幼书画作品展。

2007年11月,承办"长三角美术教学现场交流会",同时被推荐为长三角美术教学交流中心。

2008年11月,15幅高中生美术作品送展西班牙萨拉戈萨"水与可持续发展"世博会。两位学生作品获优秀奖。

2010年12月,12幅高中生美术作品参展第29届大阪高中生艺术文化节。

2013 年 06 月,蔡岳云老师在浦东新区图书馆举办画展。

2015 年 12 月,与芬兰库奥皮奥市 LUMIT 艺术高中结为姊妹学校。共建合作网站,开展中外美术课程比较研究。

2016 年 01 月,上海市美术考级点设立在香山中学。

2016 年 06 月,浦东新区美术家协会中国书画教学基地在香山中学挂牌。

2016 年 10 月,九幅高中生美术作品送大阪府第 30 届高中生艺术文化节。

通过缤纷多彩的跨文化、跨国界交流,学生对美的判断力与鉴赏力得到了大幅提升,美学思想在知识与价值的碰撞中相得益彰。与此同时,也极大丰富了学生的美学视野,帮助他们在未来的个人发展中走得更远。

第二节　博物馆研学增进美育视野

在"香山美育教学研究中心"的指导下,美育科创中心成员深度挖掘资源,尝试主题式课程建设。借助中外优质教育资源合作水平,拓展学校开展跨文化交流与合作的广度与深度,深化跨文化素养教育与国际理解教育区域特色课程建设。以美育为基石,培育和发展学生的个性特长、审美情趣和创新能力。通过"博物馆＋"课程,从跨文化交际、跨文化认知、跨文化认同,以及跨文化适应等维度出发,提高学生对自身文化的认知,形成尊重异己的生活方式,学会理解和尊重他人,形成实现平等、促进和平的价值观,以批判性精神和多元路径探索人类社会及自然界的能力,形成跨文化的意识、态度和价值观,成为胜任时代和世界要求的合格人才。

香山中学与上海博物馆签约,成为了"上海博物馆——文博基地",开启了香山中学馆校合作的序幕。馆校合作是文教结合事业的实质性推进,文教结合、课内外结合、学校家庭社会"三结合"为学校美育营造了大环境;香山中学特色教师发展共同体成员代表、美术专业教师、学生活动相关负责教师 20 人前往上海博物馆交流学习,并参观了"丹青宝筏——董其昌书画艺术大展";香山中学党员、特色教师及学生代表 45 人前往金桥碧云美术馆,参观"今日浦东——庆祝浦东开发开放 29 周年美术作品展"。本次画展展出了来自浦东、上海乃至全国知名画家 110 余人创作的 100 多件精品力作。陈佩秋、汪观清、陈家泠、邱瑞敏、陈琪等多位海派名家热情参与,香山中学美术教师宋海军的作品也入选了此次画展;2019 年 6 月,香山中学与上海震旦博物馆签署美育实践基地备忘录。香山中学携手震旦博物馆开设了校博物馆相关课程(见表 8 - 1)。

表 8 - 1   2019 年博物馆课程活动安排

时间	内　容	人数
2019 年 10 月	主讲人:博物馆副馆长寻婧元博士 "古代陶俑""元明清青花瓷器鉴赏" "古器物学视角下的中国古代玉器概说"	学生:470 人
2019 年 11 月	参观震旦博物馆馆藏	学生:198 人
2019 年 11 月	"妙手匠心入古出新——我眼中的博物馆"作品设计创意大赛	学生:185 人

在"妙手匠心入古出新——我眼中的博物馆"作品设计创意大赛中,学生积极参与,收到作品合计 132 件,其中,初中 90 件、高中 42 件。最后,由香山中学美术老师以及震旦博物馆专家共同评选出入围作品,合计 30 件,获奖学生共33 人。

香山中学参与的 2020 学年中外融通的国际化教育项目——"联合国 17 个可持续发展目标""博物馆＋学校"主题式课程项目(见表 8 - 2),主要是以主题式教学为手段,以项目化学习为导向,通过馆校合作的形式,有效整合区域博物馆资源,构建联合国 17 个可持续发展目标核心课程,为学生创设"乐参与、想探究、能理解、会拓展和真评价"的拓展型学习活动,从而促进了"人文底蕴、科学精神、学会学习、健康生活、责任担当和实践创新"六大核心素养的培育。

表 8-2 "博物馆＋学校"主题式课程项目

序号	主题	类别	博物馆资源
1	无贫穷	理财	金融博物馆
2	零饥饿	节约粮食	历史博物馆
3	良好健康与福祉	学会健康生活	自然博物馆
4	优质教育	合理利用现有教育资源	上海儿童博物馆
5	性别平等	尊重他人	中国妇女儿童博物馆
6	清洁饮水与卫生设施	水资源	上海自来水科技馆
7	廉价和清洁能源	绿色能源	上海汽车博物馆
8	体面工作和经济增长	职业规划	上海观复博物馆
9	工业、创新和基础设施	技术与创新	上海科技馆
10	缩小差距	经济发展	上海世博会博物馆
11	可持续城市和社区	城市建设	上海城市规划展示馆
12	负责任的消费和生产	绿色消费	上海隧道科技馆
13	气候行动	保护环境	上海气象博物馆
14	水下生物	海洋世界	中国航海博物馆
15	陆地生物	地球村	上海自然博物馆
16	和平、正义与强大机构	和平与正义	上海四行仓库纪念馆
17	促进目标实现的伙伴关系	共同发展	上海宋庆龄故居

研学课程包罗万象,是综合历史、地理、科技、人文和爱国主义教育等内容的融合课程。学校倡导以社会调查、参观访问、亲身体验、资料搜集、集体活动、同伴互助、成果总结等为一体的社会综合性学习形式,能很好地促进学生达到在"游中有学,行中有思"的效果。

研学课程主要包括市内研学、国内研学和国际研学三个部分。

市内研学。上海市有着丰富的市情研学旅游课程资源,为加强文化熏陶,学校根据实际开展祭扫革命烈士及文化寻根活动,包括张闻天故居、黄元培故居、孙中山故居等;组织参观各类博物馆:震旦博物馆、上海博物馆、碧云美术馆、刘海粟美术馆等;开展学生干部考察活动,探寻深坑秘境,感受莲湖村的自然生态之美。

国内研学。我国幅员辽阔、山河壮美、历史悠久、文化博大精深,有许多研学的课程资源。如,浙江乌镇研学旅行:体验水乡风情和江南雅致,"枕水越吴品江南";杭州中国美院研学活动:置身于浓厚的艺术氛围下,体验特色课程、实地写生。

国际研学。以主题的方式进行研学,通过对各地风土人情的探索和博物馆的参观访问,引导学生了解世界历史、文化、环保等方面的内容。如,走进日本九州——环保体验之旅、走进意大利——绘画艺术之行等。

研学的主要方式

行走前:教师做好研学规划,制定课程纲要,设计活动方案和评价方式,在此基础上编制研学资料。学生根据教师提供的研学纲要,查阅相关资料,做好研学功课,分组展示交流。

行走中:根据研学课程,教师做好活动计划,精心组织学生活动,指导学生边走边学。学生在行走中善于观察和思考,勤于记录和整理,积极探索知识与社会、知识与生活的链接,在行走体验中感悟和内化。

行走后:教师指导学生根据研学评价标准,进行成果收集、整理、展示,在此基础上进行自我评价、小组评价、教师评价。教师撰写研学心得,学生撰写研学报告。教师负责集结成册,形成研学课程成果。

我们建立了完整的研学课程的评价体系,涉及评价维度、评价内容、评价标准与评价方式四个部分。

表 8-3　研学课程的评价

评价维度	评价内容	评价标准	评价方式
过程性评价	学生参与研学过程的积极性	积极参与研学活动,认真记录整理研学过程的知识	1. 根据学生在研学中的阶段表现,结合积极性、参与度等,划分等级进行记录。 2. 按照活动小组的分工要求,对照实施标准,对活动组织的各个环节进行检测,根据活动完成情况,对研学的效度进行过程评估。 3. 举办研学成果评比展示,记入学生成长记录袋中,其结果纳入综合素质评价体系。 4. 通过问卷调查和座谈等方式,向参与单位、学生家长、志愿者、服务合作部门等针对研学活动的效果进行评估。

近年来,香山中学组织学生参观爱国主义教育基地——淞沪抗战纪念馆;传承红色基因——组织高二年级、初一年级、初二年级学生观看影视革命剧《红星照耀中国》;组织高一年级学生代表和特色教师参加"汇海派之美　融艺术之新——参观刘海粟美术馆"活动;同时学校将跨地区的学生研学旅行作为"美之足迹"系列活动的重要抓手,2019 年分别组织国内、国际的学生交流、访问、考察活动。以中国杭州、日本九州、意大利弗罗伦萨等城市为研学目的地,分别开展有高一年级"寻美杭州,感悟美院"、高二年级的"日本九州自然、人文体验之旅"、高三年级的"欧洲文艺复兴探索之旅"等研学旅行活动,参与师生达 300 多人次。研学旅行活动提升了师生的审美素养,开拓了师生的审美眼界,丰富了师生的人生阅历,加强了香山中学与国内、国际同类院校间的合作与交流,取得了良好的效果。

第三节　特色社团打造美育共同体

（一）特色社团的建立

社团活动是学校课堂教学的延伸,是进一步深化课程改革,发展素质教育的重要体现。社团活动的正常开展,既能丰富学生的课余生活,也能为学生提供自主发展的空间。社团是香山中学校园文化建设的重要载体,是香山中学第二课堂的引领者。学校各社团以其思想性、艺术性、知识性、趣味性、多样性的活动吸引着学生们的积极参与。

表8-4　代表性美育社团设立与实施汇总表

社团类型	社团名称	实施方式
学科拓展类	晓津文学社	学生根据个人兴趣,提出申请,自主选择社团,社团辅导老师根据综合考查通过申请,组织学生参与社团活动,完成社团课程,记录成长轨迹。
	国学社	
	口才与演讲	
	萌芽生物社	
	纸板造型	
	青团漫画社	
	插画社	
	朗诵社	
综合类	M. E. 礼仪社	
	电影社	
	XSPS 心理社	
	英语戏剧表演社	
	红叶传媒社	
	广播社	

续　表

社团类型	社团名称	实施方式
	戏剧社	
	社工	
科学创新类	平面设计社	
	3D 打印智能家居设计社	
	影视制作社	
文体类	羽毛球社	
	篮球社	
	足球社	
	田径社	
	合唱团	
	ACG 社团	
	GROOL 舞社	

表 8 - 5　社团课程的评价表

评价维度	评价内容	评价标准	评价方式
社团筹备	社团主题	主题健康积极,课程资源丰富,准备充分	阶段性评价与过程性评价相结合。注重过程性评价:活动过程记录、活动成果展示。评价方式多元化:自评、互评、组评、师评、家长评相结合。通过社团成果展评,评出优秀社团,参加星级社团评比。
	活动方案		
活动过程	特长发展	积极参与社团活动,发展自我特长	
	活动过程		
活动效果	社团学习成果	能形成自己的学习成果,积极参与社团成果展示交流	
特色创新	活动亮点	社团成果展示有特色、有创新、有亮点	

（二）美育社团课程化建设

学校社团课程以兴趣为出发点，以个性化培养为方向，以学生艺术创新能力和创造精神培养为核心，逐步形成了创新艺术人才培养新模式。

社团课程开发的宗旨：以兴趣为出发点，以个性化培养为方向，以学生艺术创新能力和创造精神培养为核心，形成了完善的创新型艺术人才培养新模式。鼓励学生突破常规，标新立异，充分保护学生的创新积极性，调动学生的学习主动性，激发学生的创新热情，全面提升学生的创新素质和创新能力，增强学

表 8-6　美育研究实践课程表

	课程名称	课程内容简介	课时	执教教师
美育社团课程	红叶传媒	通过录音、摄像、编辑等现代多媒体手段对学校重大活动进行及时采访和报道。		
	青团漫画社	通过活动了解漫画的艺术表现形式，提高欣赏能力和绘画技巧，致力于为广大的卡通漫画爱好者创设一个共同学习、交流、展示漫画绘画技巧的平台。		
	书画工艺社	开设各种形式多样的活动课堂，为师生提供成长的舞台，提高艺术修养。		
	莺韵合唱朗诵社团	以弘扬传承民族文化、培养兴趣、发展学生个性、陶冶情操为宗旨，发扬社团活动中"教书育人"的功能。		
	九州 Cosplay 社团	涉及表演、摄影、电脑制作等多个领域，让学生充分发挥自己的特长。		
	香山广播社	提升学生沟通、组织、表达、处事等各种能力，学会如何去认真努力地做好每一件事。		
	晓津文学社	取意"早晨的渡口"，期望学生在老师的引领下从香山这个人生的"晓津"出发，扬起文学的风帆，追寻生活和生命的诗意和远方。		
	经典诵读和诗词创造	已出版师生作品集《大美有言》等。		
	戏曲课程	传承中华传统文化，在学校艺术节上汇报演出。		

生的综合人文素质,改变从书本到书本的学习方式,形成明确的文化意识和文化自觉,引导学生"由技入道"进入艺术创新的更高层次,为培养富有创造思维、富有艺术想象力的人才打下良好的基础。

教师参与其中指导。表8-6所列即学校目前的师生社团及其课程化的学习活动特点。

(三)美育特色社团成果展示

学校秉承"以美立校,立美育人"的办学理念,围绕"敬贤、尚美、乐学、笃行"的育人目标,开设有多元丰富的学生社团课程,助力夯实学生的美育基础及综合素养的培养。

近几年来,学校美育特色办学效果显著,学校已成为"全国特色学校""美育教学研究示范基地""数字美术教育研究中心实验基地""上海市艺术特色学校""上海博物馆——文博教育基地""浦东新区美术家协会中国画教学基地"……。

学校于2019年3月19日至29日,举办了首届"美育特色社团建设成果展",以"社团交流展示"为载体和纽带,纵向上实现了对"美育"教育的初中、小学的辐射;横向上通过学生美术、艺术社团,实现了对浦东相似美术、艺术社团的对接,扩大并加速了学生社团的分享。

第四节 学校美育活动升级美育质量

为提升学校美育活动的质量,办好每年各种美育节会,让每一个在校学生都能在节会中受到艺术熏陶,学校积极为学生提供展示个人艺术、才华的平台,使学生能够进一步接受美的教育。如,五美教育系列讲座、两年一届的校园艺术节、高三画展、美术长期作业展等。

表 8 - 7　2019 年首届"美育特色社团建设成果展"活动安排表

序号	时间	活动内容	参与学校	人数
1	3 月 22 日下午 1 点—3 点	（1）观摩山水画社、英语戏剧社教学 （2）参观师生摄影、国画、水彩、泥塑等作品展 （3）参与科创社、动漫社、版画社活动 （4）参与学校社工部组织的户外体验活动	六师二附小	240 人
2	3 月 22 日下午 3 点—5 点	（1）观摩山水画社、沪剧表演社教学 （2）参观师生摄影、国画、水彩、泥塑等作品展 （3）参与科创社、动漫社、版画社活动 （4）参与学校社工部组织的户外体验活动	香山小学、万德小学	190 人
3	3 月 29 日下午 1 点—3 点	（1）美育专题讲座 （2）参观学校大师工作室、创新实验室、3D 打印作品展 （3）参与数字化速写课程、VR 虚拟、创意泥塑互动教学活动 （4）观摩"红叶传媒""新媒体艺术"社团活动	进才北校、华夏西校、进才实验、浦东模范、高桥—东陆学校	150 人
4	3 月 29 日下午 3 点—5 点	（1）美育专题讲座 （2）参观学校大师工作室、创新实验室、3D 打印作品展 （3）参与数字化速写课程、VR 虚拟、创意泥塑互动教学活动 （4）观摩"青团漫画社""影视制作社"社团活动	罗山中学、建平西校、实验东校、浦兴中学、建平实验	160 人

同时，香山中学积极协助区美协和区文化艺术指导中心开展区美术作品展，联合区美协举办"香山杯"美术作品展，并借助美术课程的研究实践，开展美术个人作品展览。

（一）创新实验室建设

以创新实验室为载体：学校建立"创意实验区"，以此为载体开发美育课程，以实践性、探究性、创新性为导向。共设四个工作区域：初中学生艺术创意操作区域、高中学生艺术创意操作区域、学生作品展示区域、高压电窑烧制区域。通过积极展示学生的美术作品,不断提升学生与学生之间、老师与学生之间的美学交流,增进师生的情感联系。

创新实验室建设是特色高中建设的重要组成部分,而创新实验室的课程建设又是创新实验室建设的重要任务。目前,学校已经建立了"创意实验室",以此为载体,开发课程,推进美育教育。学校注重创意实验室的课程化建设,提倡在学校创意实验室开展的教学活动,都基于相应的课程,并以"创新实践探究"来定位。学生在创意实验室中所进行的学习活动,首先是要体现实践性,即使最终有知识概念的生成,也一定是在实践的基础之上——"做中学"(经验主义课程的创立者杜威的观念)。其次是要有一定的探究性,要在这里发现问题或生成问题,主张在问题解决的过程中获得探究的方法与兴趣——"研中学",这是一种"深度学习"的主旨思想。第三还要具有创新性,因为是艺术学习领域的体验,而"艺术的生命在于创新"(著名教育家吕型伟谈教育有三句名言:"教育是事业,其意义在于奉献;教育是科学,其价值在于求真;教育是艺术,其生命在于创新。")——"创中学"。创意实验室课程的三大要义特征,是学校对特色高中创新实验室建设的校本理解与实践。实践、探究、创新是新时代对学习者和教育者提出的转型要求,也是后现代对公民的素养要求,需要在所有学校课程中落实。但囿于应试的意识惯性,一般在常态课程中落实还有难度,而在这种创意实验室课程中加以落实却是值得探索的。在具体科目开发与实施中,对实践、探究、创新要求的落实可以有所选择,也可以有不同组合。

表8-8 美育研究实践课程表

类别	课程名称	课程内容简介	课时	执教教师
创意实验室	瓷板画	● 学生在瓷板上作画,通过烘烤设备完成作品的定型。瓷板画集绘画与传统的烘瓷工艺于一身,培养学生的画画表现力。鼓励学生去追求绘画艺术和陶瓷工艺的完美结合,开发了学生的潜能,提高他们的创新能力。		
	浮雕	● 浮雕是表达审美意志、优化校园环境的重要手段。学生通过浮雕的作品制作,了解到通过凹凸起伏的方法,将壁画转化为空间性和立体性的模型,会产生强烈的视觉效果。不断提高学生的绘画水平,初步了解浮雕艺术的创作要素。		
	创意面具(脸谱艺术)	● 此项课程在纸质面具模型上创作脸谱等作品,可以提高学生的设计能力和审美能力,激发学生创作潜能的发挥,增强学生的自信力。		
	雕塑	● 通过学生对雕塑作品制作,培养学生的三维观察方法,从而理解正确的绘画步骤,并且寻找雕塑制作中与学校高中素描课程之间的共性,不断提高学生的素描水平。		
	新媒体艺术课程(美育融合课程)	● 以现代数字技术为纽带,融合信息科技、美术、音乐三门学科的"艺术融合课程",借助上海音乐学院、上海电教馆,作为技术力量支撑和师资培训基地,深化和细化香山的美育教育。		

(二)美育系列活动

香山中学通过开展丰富的美育系列活动,帮助学生提升对美的理解与鉴赏能力,进一步激发学生的自我创新意识,搭建学生的才艺展示平台,让更多优秀的学生发掘自我优势,寻找自我价值,促进其全面发展。

一方面组织"美与爱"系列活动。香山中学社工服务社团举办"'益'起牵手相约19"艺术品展览暨慈善拍卖会;学校工会组织"三月芳华,国兰雅韵"春兰展鉴赏会；全校 1 000 余名师生参加了"诗情画艺，悦美嘉年"上海市香山中学第八届校园文化艺术节，"义路有你，爱满香山"义捐义卖活动成为了最大的高潮；"乐事""一点点""尽欢"六一主题活动为同学们提供了展示自我的舞台，这一天学生们脱下校服，穿着自己最喜爱的服装来到学校，汉服、唐装、旗袍、哥特式 cosplay 齐聚一堂，这一天没有"奇装异服"，有的是对美的理解与包容；在"韶华向远，桃李不言"为主题的教师节活动中，学生们为每一位教师送上了自主设计完成的，以"美"和"俭"为主题的环保袋，深受老师们的喜爱；"丹桂飘香喜迎宾客，旗袍雅韵悦美香山"——浦东新区海派旗袍文化公益活动激发了师生们对海派文化的兴趣和自信，增强了师生们的美商；"香山承艺教，悦美水乡花"——"越剧王子"赵志刚携赵氏艺教戏曲进校园项目启动仪式，将高质量的中华民族传统文化送到师生身边，近距离欣赏戏曲文化，感受声音之美；高三同学临别前，优秀作业在三楼香山艺苑展出，展出作品共 150 幅；全体美术老师参加印制美术教师作品明信片活动，共计 33 套印制 500 份；美术教师带领全体同学参与"四时佳兴与人同"诗词日历配画，完成 400 多幅绘画作品，印制出品了《一寸光阴一寸金——2020 诗词日历》；2020 年 10 月在新一届工会的精心组织下，全体教职员工参与了"淡墨浓彩宜画瓷"活动，在专家的指导下，老师们了解了历史悠久的瓷画工艺的文化内涵、流派与技法，尝试了瓷画创作，完成了 102 件瓷画作品，作为学习成果予以展示。

　　另一方面是落实"美之言行"系列活动。组织开展第八届校园文化艺术节、高一年级合唱比赛活动；"走进高雅圣殿，欣赏大美艺术"——香山师生参加第 21 届中国上海国际艺术节征文大赛；举办"I Like I Show"英语艺术节活动；组织"诗涵画艺增雅趣，凤舞芳韵乐新春——学生新年写贴春联"活动，一共收获香山学生上百副原创对联。所选的对联，有概括课文文意的对联，有师生同题的对联，有对学生病联的修改，有名联的试对，有学生活动原创集锦，它是对文本别样的思考,对生命的解读和礼赞,充满了诗意的建构,个性的彰显,读这些精美的对联,你会自然生出一种对学生的审美创造能力和文字驾驭能力的讶异和惊奇;组织"青春诗韵,悦美香山"活动,在高一年级开展"诗词朗诵会",在高二年级开展"读大师心得交流会",通过调动语言、音乐、课件、板书、服装等一切美的元素营造美的效应,激发出学生的审美创造力;组织"读经习礼,悦志畅神"活动,通过开设"传承国学之美,从习礼开始""学农取阳,心中有他人"和美育选修课"习礼,让生活更美好",选用情境体验的方式,让学生每天从微笑、问候开始,学习将心比心,敏锐地感受到对方的感受,用敬的态度和有分寸的举止,使彼此关系更和谐美好;组织"亦教亦熏,悦心激情"活动,通过开设《中国古典诗歌鉴赏导引》美育系列讲座,借用知人论世、以意逆志、因声求气、比较想象等手法来吟发诗情,领略情趣,提升学生的审美鉴赏力;组织学生为优秀毕业生系列讲座制作宣传海报;以"德智体美劳,五育并举"为主题,组织学生为学校围墙进行整体设计并绘制,同时制作成的作品还有《上海市香山中学学生墙绘作品集》;由工会组织的教职工元旦迎新活动办成了每年一届的"香山春晚",各个年级组精心准备,多才多艺的师生们展开创意想象的翅膀,以独特的舞蹈、歌唱、朗诵、小品等表演形式,展现了香山人对美的理解以及对未来美好生活的信心与展望。

/下　编/
美美与共，书写美育未来

香山中学走在"以美立校，立美育人"之路上，不忘初心，积极探索，敢于创新，遵循美之规律、育之规律开展创造性和有效性的教育教学活动，收获了创建上海市特色普通高中的一个个亮点。

| 第九章 |
美育内涵拓宽美的延展力

　　在香山中学"以美立校,立美育人"的文化氛围熏陶中,学生能够拓宽审美视野,提高审美情趣,能遵循自然科学规律,善于发现生活中的美,用包容、胸怀全局的襟怀尊重艺术的多样性,欣赏世界多元文化的差异性。在善学进取中涵养内在精神,提升其人文素养,达到至真至善至美的和谐统一。

第一节　主题教育表现师生实践美

主题教育是美育建设的重要组成部分,通过一系列主题教育活动,帮助学生不断拓展社会实践的体验范畴,实现价值与知识、道德与情感的传递升华。

(一)"以仪立德和谐美"主题教育活动

1993 年国家教育委员会(现国家教育部)颁发第 38 号文件《关于加强城市中小学生装(校服)管理工作的意见》。意见指出:"城市中小学生穿学生装(校服)是指在一个城市范围内所有中小学生统一穿着学生服装,其服装不是时装、礼仪服或运动服,而是日常穿着的学生服装。学生装的设计原则是'朴素、大方、明快、实用'。"根据这个精神,上海市要求中小学生统一穿校服。要求学生统一穿校服,有利于培养学生的遵守纪律的守法意识和考虑个人对集体影响的团队精神,强化学校的整体形象,增强集体荣誉感和责任意识,还可以减少学生中的穿名牌、追求时尚、讲究排场等奢侈、攀比之风。但是,中小学生要不要穿校服,校服的购置和穿着是强制还是自愿,一直以来都是社会关注的问题。工作实践告诉我们:让学生穿校服经常会遇到很多麻烦,遭遇不少尴尬:有的学生经常会制造各种借口不穿校服。遇到体育课,马上开心地脱下外套,露出自己的衣服,还有些学生一出校门,就如释重负地脱下校服,一路拎着回家,对有些学生来说,穿校服简直就是被逼无奈。实际上片面强调整齐划一、单调老套的着装,确实容易引起学生的反感,因为它在一定程度上违背孩子的天性,限制了学生的个性发展。在上海,学校的校服是统一的,而大部分学校的校服是那种不分男女式,松松垮垮的运动服。如此的"统一"让彼此之间没有了区别,无疑占据了学生塑造自我形象的空间,使学生失去了一次自我选择和自我定位的机会,对于个人的长远发展是不利的。高二年级的学生有较强的表现欲望,具备一定的语言表达、逻辑思维和辨别能力,而且对"穿校服的利弊"都有话可说,有话想说。针对以上实情,帮助学生通过讨论、辩论等活动,引导学生对穿校服问题从初步的审美,到深层次的审美和立美,再到内在的立美,节节体验。

这是教育活动,没有现成的教材可利用,令人高兴的是英语课本上有穿校服利弊的课文知识,可以让同学们通过英语课的学习,对这个问题有一个初步的了解,然后再指导学生通过各种途径去搜集大量的相关材料,作为我们参与这次活动的理论依据。

首先,利用英语课引领学生进行讨论。在英语课堂教学中,由英语学科老师分别结合英语课文内容,在高二全年级四个班级对"中学生穿校服的利弊"进行讨论,让同学们对穿校服的利弊有一个全面的了解和认识;让同学们通过讨论这个问题,培养一定的语言表达能力和辨别能力;从而让同学们初步认识到中学生属于未成年人,我们的人生观、价值观还未完全形成,不懂得正确辨别美与丑、对与错。如果允许随便穿着打扮,会有人穿着不适合学生身份,不该出现在校园的服装来上学,影响学校的声望,而且穿名牌、追时尚也会出现,必然引起攀比风,这在增加孩子们的虚荣心的同时,也会分散其精力,影响其用功读书。

其次，组织专门的辩论赛。即通过穿校服的利弊辩论比赛，让同学们准备、搜集大量的相关材料，在搜集的过程中对材料涉及的正方和反方的观点都有所接触，对穿校服的利弊都有所认识。然后运用归类、整理、筛选、分析方法，对所搜集的材料进行有效利用，为辩论做准备。在此基础上，培养学生搜集资料，整理资料，运用资料解决问题的能力，让同学们学会全面地看问题。在辩论的过程中，引导同学们充分利用自己准备的资料，发表自己的观点，证明自己观点的正确，同时，通过对方的辩论吸收对方有益的观点，对穿校服利弊形成全面具体的认识，指导学生在注意发挥个体优势的基础上，充分考虑整体利益，树立整体观念，自主体验团结合作共建美。通过同学们感兴趣的辩论形式，训练同学们学会"有话敢说，有话会说"。让同学们在辩论过程中充分展示"能言善辩智慧美"和"逻辑思维缜密美"，通过同学们的积极参与把"气质儒雅风度美""语言流畅音调美""传情达意境界美"和"随机应变机智美"呈现出来（在辩论过程中，呈现的不仅是形式上的美，更有同学们精彩纷呈的表现美，尤其是同学们有合作、有分工、有快乐、有无憾的参与美。通过同学们的自我教育和自我体会，既挖掘学生的审美潜力，也开发学生的立美能力，让同学们体会到更高层次的美不是过分追求穿着打扮，过分追求张扬个性的自由美，而应该是以各方面能力的培养和各种知识的积累为重点积极进取的精神，主要追求"遵纪守法的行为美"。同时，也为帮助学生养成辩证地看问题做好铺垫）。辩论结束后，通过布置反思，让同学们深入认识和体会：作为中学生就应该遵循学校的规章制度，而校服是学校的一个标志性服装，要求学生穿校服有利于培养学生遵纪守法的责任意识，唤醒学生的团队精神，增强学校的凝聚力，同时，让同学们切实体会到任何事物都有两面性：利和弊是辩证统一的，学会辩证地看问题。

再次，在全年级范围内开展"我们参与，我们精彩，我们收获"主题教育活动。通过奖励优秀者,让同学们感受成功与快乐,体验探究与合作。通过让同学们交流体会、感悟和收获,让同学们体会学会说话的重要性,进而增强其参与意识。同时,通过师生交流,尤其是生生交流,充分发挥学生自我体验、自我教育的作用,引导学生明辨是非,形成统一认识:中学生穿校服利大于弊,以便更好地贯彻实施学校要求学生统一穿校服的规定。让学生认识到遵守校纪校规,按要求穿校服体现"遵纪守法行为美"。师生之间可以借此增进相知,拉近距离,加强理解,更有助于实现"师生亲近融洽美"。

因此,香山中学结合英语课内容,对"是否需穿校服"进行了辩论实践活动。

首次实践中,虽然让同学尽情发言,但由于事先准备不足,讨论得不够热烈,对问题的涉及和认识也不全面,再加上是用英语讨论,限制了同学们语言水平的发挥。当然,作为英语课,应该达到的教育目标已经很好地实现了。

接下来,为全面辩证地认识和表达中学生穿校服的利弊问题,提高学生的审美认识,决定专门安排运用普通话辩论"穿校服利弊",让同学们在充分准备的基础上,用母语有话尽情地说,不受语言的限制,以收到更好的效果。

活动内主要进行辩论比赛,"穿校服的利大于弊"VS"穿校服的弊大于利"。

活动分正反两方,以每个班级的中间过道为轴,左边的同学是正方,论点是"穿校服的利大于弊",右边的同学为反方,论点是"穿校服的弊大于利"。

在活动中,教师布置学生搜集相关资料,可以利用英语课文提供的资料;也可以到网络上去查阅相关的资料;可以在同学中搜集意见,随后对学生进行培训:让辩论各方分别推选出三个主辩手,然后对这些学生进行培训,让这些学生知道一辩、二辩和三辩各自承担的任务具体是什么。让学生了解:一辩负责陈述观点,二辩负责补充说明观点,三辩负责总结陈词。

辩论程序:每班总计用时20分钟。正、反方一辩发言各2分钟。正、反方二辩发言各2分钟。自由辩论阶段共用时8分钟,每方用时4分钟。总结陈词共用 4 分钟，每方用时 2 分钟，先由反方陈词，再由正方陈词。

辩论规则：自由辩论发言必须在两队之间交替进行，首先由正方一名队员发言然后由反方一名队员发言，双方轮流，直到时间用完为止。各队耗时累计计算，当一方发言结束，即开始计算另一方用时。在总时间内，各队队员的发言次序、次数和用时不限。每方可以加四个同学做后援团，参加自由辩论，各个班级参加辩论的人数 14 人。辩论中各方不得宣读事先准备的稿件或展示事先准备的图表，但可以出示所引用的书籍或报刊的摘要。比赛中，辩手不得离开座位，不得打扰对方或本方辩手发言，辩手相互提问和回答时，要礼貌地用敬语。

教师还需培训两名辩论主持人，负责把握时间和辩论次序，并组织同学联系场地；聘请评委；制作辩手标牌。

辩论比赛过程：以抽签的方式确定各个班级辩论的次序，由老师宣布本次活动相关要求，然后由两名主持人主持四个班按抽取的顺序依此进行辩论。同时，由五位评委根据各个团队的特点和优势评奖，并且对表现优秀的辩手根据其所长评奖。

在本次活动中，各位同学精心准备，热情参与，评委老师认真评分，大家都热情很高，收到了意想不到的效果。大部分学生在感悟中都谈到通过这次辩论比赛收获很多，锻炼了自己的口头表达能力、思辨能力、应变能力；还可以增进班级同学间的团结，增强集体意识和团队合作意识；希望老师以后多组织这类活动。

当然，活动还需要进一步深入和强化，让学生主动去反思、体会、感悟，进而有更多的收获，也需要进一步引导学生由审美的层面上升到立美的层面。再就是全年级共 132 人，交上来的作业只有 102 份，其中有 10％的同学还停留在辩论阶段，有待进一步的启发，如何让学生成为立美和审美教育活动的最大支持者和受益者，是教师要继续探究的问题。

最后,在前两次活动的基础上,学校进一步开展了以"我们精彩,我们感悟,我们收获"为主要内容的高二年级"以仪立德和谐美"主题活动。

活动中,共收集现场同学们的感悟和收获 102 份,遴选出 5 名比较有代表性同学,安排他们准备进行主要交流,其余 97 名同学有价值的观点都被打印后投影片上,以备播放。

上课铃响前把同学们参加辩论比赛时拍的 56 张照片,通过大屏幕滚动播放给候课的同学和听课的老师们看。

课堂上,教师介绍这次主题活动的程序,并利用 5 分钟时间展播前边同学们参加辩论比赛时的录像剪辑,最后,请校领导给获奖的团体和辩手发奖。

最后,请 5 名同学谈自己参加辩论赛的收获和感悟。在这 5 名同学发言的过程中,其余 97 名同学交流的收获和感悟通过投影片在大屏幕上播放。

本次活动,教师充分利用了现场资源为活动服务,使该活动提升了一个档次。这是同学们进行自我教育,相互教育,共同感悟的过程,可以说收到了非常好的审美、立美教育效果。

对于"穿校服的利弊",尤其是在学校要穿校服这么现实的问题,也是非常有争议的问题,通过三次活动,就能形成完全统一认识是不可能的,还需要继续加强管理和引导。

综合三次实践,得到了以下经验:合理有效地利用多种资源为实现教育目标服务是非常重要的因素;发挥学生在自我发展、自我完善中的积极作用是活动成功的关键。

(二)"文化根·民族魂·中国梦"主题教育活动

为隆重庆祝中华人民共和国成立 70 周年,深入学习贯彻习近平新时代中国特色社会主义思想和党的十九大精神,以坚定步伐展望奋进百年目标。深入开展未成年人文化教育活动,引导未成年学生提升文化涵养、坚定文化自信,教育广大青少年激发爱国热情、培养爱国情怀,帮助青少年树立共产主义远大理想和中国特色社会主义共同理想,礼赞新中国、筑梦新时代,从小立志向、有梦想,自觉"扣好人生第一粒扣子",成长为"担当民族复兴大任的时代新人",浦东新区文明办、教育局开展了浦东新区第四届"文化根·民族魂·中国梦"主题活动——"香山杯"学生书画比赛。创作内容以庆祝建国 70 周年,"畅想建国 100 周年"为主题,预见、遇见 30 年后美好的祖国、和谐的社会,奋斗的自己。

此项活动受到浦东新区各幼儿园、小学、初中、高中的大力支持,共收到近千幅作品,具体汇总如下:

表 9-1　2019 年第四届"香山杯"书画作品征集汇总表

学段	参加学校数量	书法作品数量	绘画作品数量
幼儿园	27	4	137
小学	65	191	277
初中	41	123	138
高中(职校)	13	27	67
小计		345	619
合计	146	964	

(三)"扣好人生第一粒扣子"主题教育系列活动

香山中学积极贯彻落实党的十九大报告精神、习近平新时代中国特色社会主义思想,以及习总书记在全国教育工作会议上"扣好人生第一粒扣子"的讲话精神,秉承"以美立校、立美育人"的办学理念和"敬贤、尚美、乐学、笃行"的育人目标,紧紧围绕"五美工程"建设,把美育与德育、智育、体育有机地结合起来,引导全校师生坚持立德树人的根本任务,发挥学校育人主阵地的作用,深入开展社会主义核心价值观教育,牢固树立未成年人正确的世界观、人生观、价值观的根基;深入开展思想道德教育,培养未成年人良好的道德品质和行为习惯;深入开展中华优秀传统文化教育,增强未成年人的文化底蕴和文化自信;深入开展革命传统教育和爱国主义教育,厚植未成年人的红色基因和爱国意识。现将香山中学2018学年开展"扣好人生第一粒扣子"主题教育实践活动总结如下:

1."新时代好少年"学习宣传活动

积极树立典型,表彰先进。在各年级中评选出"五美班级""五美学生""优秀学生干部"进行表彰。结合义捐义卖活动,评选出"爱心集体""爱心个人",树立典型,促进良好校风形成。

培养树立新时代青少年先进典型,发挥示范引领作用。香山中学高三(1)班庄一弛同学凭借独具特色的本土曲艺表演以及出色的绘画技艺,成功地被评为2018全国最美中学生;香山中学社工服务社团在丁晶老师的带领下成功开展了"'益'起牵手,相约19"艺术品展览暨慈善拍卖会。他们以自己的一言一行真实地展现了新时代青年的社会责任和道德美德,成为了青少年们身边的学习榜样。

2. "传承红色基因"系列教育活动

利用清明、"七一"、国庆等时间节点,在未成年人中广泛开展革命传统教育,弘扬长征精神和井冈山精神,引导青少年铭记革命历史、崇尚革命精神、继承革命事业。

　　组织开展了"铭记少先队,向往共青团"十四岁生日主题活动;"扬帆起航,放飞梦想"十八岁成人仪式;青年党校学习"十九大精神"等活动。结合"宪法宣传周"活动,组织学生参加了"宪法在我心中"——尚法杯主题书画大赛。

　　结合清明节组织学生开展"网上祭英烈、共铸中华之魂"活动,祭奠、缅怀革命先烈,在传承中华优秀传统文化的同时,进一步激发爱党、爱国、爱社会主义的情感;结合"庆祝新中国成立69周年——向国旗敬礼,做有道德的人"活动,进行网上签名寄语,引导未成年人积极参与爱国主义教育活动,增强爱国意识,激发爱国情感,唱响伟大祖国的主旋律;通过思想品德课、班会课、升旗仪式、演讲比赛等途径,加强青少年学生的中国梦教育活动,凝聚力量增强实现中国梦的决心和信心;结合"五四"开展"青春心向党

　　"建功新时代"纪念五四运动 100 周年表彰会活动；顾校长、唐书记带领全体高中师生观看习总书记在纪念五四运动 100 周年大会上的重要讲话；在党的"七一"生日之际，组织学生举行唱红歌、观看红色影片等活动，通过学习唱红歌相关内容，唤醒红色记忆，警醒青少年以史为鉴，努力拼搏，扣好人生第一粒扣子，建立正确的价值观和健康的人生观；以重大纪念日为契机，香山中学承办了浦东新区第三届"文化根，民族魂，中国梦"中小学生书画活动，征集评选和宣传展示了其中的优秀书画创作作品，引导学生弘扬民族精神和时代精神，传播正能量，弘扬主旋律，奋进新时代。

3. 中华优秀传统文化传承活动

开展未成年人文明修身活动。香山中学坚持立德树人,以社会主义核心价值观引领知识教育,积极开展创建"文明校园"工作。加强师德师风建设,开展形式多样、健康向上的校园文化活动,形成良好的育人氛围,获得了 2017—2018 年度第一届"上海市文明校园"称号。以"喜迎进口博览会,当好小小东道主"为主题,利用升旗仪式、各类校园宣传媒介,开展形式多样的宣传活动,让学生了解进博知识,感受祖国改革开放的伟大成就,培养他们的创新精神、实践能力和社会责任感。

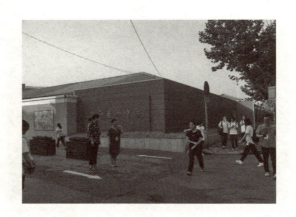

广泛开展弘扬中华传统文化系列活动。结合语言文字工作，开展了"中华经典诗词诵读系列活动——吟诵青春　品读经典"活动；举办国学系列讲座；参观名人故居、历史建筑等文化遗址；开展"文教结合"系列活动——"非物质文化遗产"影视教育活动；"辞旧迎新——民俗文化进校园"非遗项目进校园活动；"寻访浦东文化基因　文教结合进校园"活动成果展……。把优秀传统文化带到学生身边，激发学生体验和传承传统文化的浓厚兴趣。

高三(4)班的徐玥作为全市中小学生阅读大会访谈节目的学生代表，于2018年11月1日参加了上海教育电视台"书香伴成长——首届中小学生阅读大会"的录播活动；高二年级传承着香山历年的传统，于2018年12月29日开展了"对联人人写薪火代代传"迎新活动。

4."学雷锋"志愿服务活动

在"三五"期间组织学生参与志愿服务活动，开展"学雷锋、日行一善"志愿服务活动。引导学生树立学习雷锋，奉献他人，提升自己志愿服务的理念，确立担当民族复兴大任的时代新人的崇高理想；"六一"举办的"义路有你，爱满香山"义捐义卖活动，进一步弘扬了"奉献、友爱、互助、进步"的

志愿服务精神。

同时,香山中学注重社会有效教育资源的整合,开发校外德育实践基地,以此形成教育合力,优化学生的成长环境。与香山中学各级社会实践签约基地共同推动学雷锋志愿服务活动常态化开展,让学生带着自己的特长、画笔和作品走出校园,走进社区,走上社会,走近需要关怀和鼓励的人们,用自己的美术特长、才艺特长,服务于社会、回馈于社会,向社会播撒美的种子,用自己对美的理解和欣赏,去传播美的作品,去弘扬美的精神。

学生用手中的画笔为社区楼道美化墙面、绘制社会主义核心价值观主题墙;与孙中山故居纪念馆携手举办了"画说孙中山"系列主题活动。学生在志愿者服务活动中既发挥了特长,又体悟到了服务他人的快乐与成就感。香山中学高一年级于2019年6月,与金杨街道志愿者服务活动中心合作,为六个金杨街道居委举行"垃圾分类、菜园生态"等主题墙绘活动。

5. "劳动美"社会实践活动

开展形式多样的劳动实践活动,引导学生树立热爱劳动的思想,养成热爱劳动的习惯,培养吃苦耐劳、艰苦奋斗的精神。

香山中学设有校级、年级、班级三级学生自主管理委员会,推行值周班制度。各级学生自主管理、团队管理脉络清晰、分工明确、责任到人。校级学生自主管理委员会负责每周的行规检查,数据汇总和反馈,年级自主管理委员会负责行规示范,班级自主管理委员负责本班文明礼仪、文明用餐、卫生保洁等事项,值周班负责全校行规检查与文明岗执勤示范等工作。在这些属于学生的"自由、自主、自发"的创造性领域里,培养了学生的社会责

任、劳动意识、自我管理、问题解决的素养。实践证明：只有让学生自己管理自己，才会激发出他们更大的动力，才能形成积极向上的良好风气。

积极开展职业生涯体验。依托学校社会工作，以社团形式，以点带面，带动初高中职业生涯辅导；以项目实施为主要途径，引入"与未来对话——青少年职业生涯启蒙与发展"项目和"小小少年，改变世界——益路扬帆青少年志愿服务"项目；在项目实施过程中，通过服务性学习模式，联动社区、高校、公安、医务等社会资源，一方面通过志愿服务任务驱动，培养同学们的公益精神，增强服务意识，另一方面通过活动体验提高自我认识，了解自己的兴趣、爱好、优势，了解社会，形成学生个体和未来职业的对接。

6. "阳光成长"心理健康教育活动

心理健康教育是未成年人思想道德建设的基础，为此学校在预备、初一年级、高一、高二年级开设了心理健康教育辅导活动课程；学校还专门设立心理健康辅导室，配备专职的心理健康老师，帮助解决学生学习和生活方面出现的心理问题；学校聘请心理专家对班主任进行心理辅导操作知识的培训及专题讲座，创设温馨的心理教育氛围，为学校德育工作提供良好的心理环境。

开展以"学传统文化，做美德少年"为主题的心理健康活动，帮助学生正确认识自我、关注自我心理健康，不断提高心理素质、完善其人格，促进其身心健康和全面发展。在活动中通过绘画比赛、小制作比赛等形式，增强他们的自信心，培养他们积极向上的健康心态。

香山中学心理辅导室每周中午开放，面向全校学生，对少数有心理困扰或心理障碍的学生，给予有效的辅导。心理辅导个案记录完整，归档及时。

香山中学利用家长会开展家庭教育指导工作，创建"家校共同体"育人模式,形成学校、家庭、社会三位一体的综合教育方式。学校心理健康教育、班主任及学科教师形成合力,关注学生心理健康,提供适合学生个性发展的心理健康教育辅导服务。以学校社会工作的全新理念、科学方法和工作技巧为切入点,加强学校心理健康教育,关心学生心理健康。

预防沉迷网络教育引导工作。为切实做好预防未成年人沉迷网络教育引导工作，有效维护未成年人身心健康和生命安全，根据上级文件精神，首先开展一次全面排查，并通过多种形式开展专题教育，引导学生正确认识、科学对待、合理使用网络，了解预防沉迷网络的知识和方式，提高其对网络黄赌毒信息、不良网络游戏等危害性的认识，促使其自觉抵制网络不良信息和不法行为。同时，严格规范学校日常管理，加强对校园网内容的管理，建设校园绿色网络，明确学校各岗位教职工的育人责任，加强午间、课后等时段管理，规范学生的手机使用。其次，推动家长履行监护职责。通过家访、召开家长会、家长学校等多种方式，提醒家长承担起对孩子的监管职责，帮助家长提高自身的网络素养，掌握沉迷网络早期识别和干预的知识。

开展"扣好人生第一粒扣子"主题教育实践活动。旨在引导广大未成年人努力成长为担当民族复兴大任的时代新人，树立共产主义远大理想和中国特色社会主义共同理想，牢固树立正确的世界观、人生观、价值观的坚实根基。使青少年们对"社会主义核心价值观"的主要内容有更深刻的理解和铭记。加强和改进未成年人思想道德建设是一项举国关注的民心工程。我们今后要进一步完善德育工作制度，进一步加强家校合作，进一步开展德育实践活动,不断加强未成年人思想道德建设,努力营造丰富多彩的校园文化,使学校的德育工作再上新台阶。

第二节　五美评价弘扬师生人格美

遵循"五育并举"的要求、新时代对学生核心素养的要求,适应学校"立美育人"的需要,研究原有的以注重学生行为规范基本素养养成的"五美学生"(品德美、行为美、语言美、仪表美和特长美)标准,着手完善"五美学生评价体系",对标国家教育综合改革要求,把"五美学生"的评价从品德美、行为美、语言美、仪表美和特长美拓展为:品德美、健康美、言行美、创新美与和谐美。针对现在学生易沉迷网络、心理承受力差、文化自信缺失等现状,重点调整了健康美、创新美、和谐美的评价指标,充实了其具体内容。让学生在拥有完整的生理和健康的心理基础上,能热心公益事业,崇尚劳动,积极参与志愿者服务活动,在敬业奉献中培养其团队意识和互助精神,使之在投身社会实践中能具备有效解决问题的能力,能创造性劳动,在储备知识技能的过程中有推陈出新的创新精神。

在香山"以美立校,立美育人"的文化氛围熏陶中,拓宽审美视野,提高审美情趣,能遵循自然科学规律,善于发现生活中的美,用包容、胸怀全局的襟怀尊重艺术的多样性,欣赏世界多元文化的差异性。在善学进取中涵养内在精神,提升人文素养,达到至真至善至美的和谐统一。

评价体系的完善适应了学生全面发展的需求,回应了国家对学生核心素养的期许,对学生群体中普遍存在的沉迷网络、文化自信缺失、心理健康问题凸显、身体素质状况下滑等共性问题方面作出了指向性的正面引导。同时,评价范围也扩展到学生自评、互评,家长评价、老师评价,旨在通过流程的优化、全员的参与,引领学生自主学习,自我发展,完善人格,培养学生具备能适应个人终身发展和社会发展所需的品格和能力,具备关切人类生存、幸福的人文情怀。

评价体系经过近两年的运行,受到了学生、家长和老师们的积极反响。遵循培养德智体美劳全面发展的新时代接班人的要求,香山中学积极开展了以美育为主的主题实践活动——"美与爱"系列活动、"美之言行"系列活动、"美之足迹"系列活动……,为学生提供了多方位的展示平台,将美育的种子深深根植于每一位学生的心中。学生中不断涌现了能适应挑战、自主发展、具有较高审美情趣、各具特点的特色学生。其中庄一弛同学最具代表性,他在"全国最美中学生"浦东新区评选中,不畏强手挑战,在网络投票中就获得 6 347 票第三名的超高人气。在专家评审环节,他凭借着肩负起传承中华优秀传统文化的精神、健康向上的气质、独具特色的本土曲艺表演,以及出色的绘画技艺,脱颖而出,成功入围"2018 全国最美中学生",成为了香山学子们的榜样和骄傲。

香山中学美育特色课程评价体现在课程内容、课程实施、课堂特色、教师特点、学生特征等多方面,有利于学校中心工作的开展与特色学校的创建。"五美课程评价、五美课堂、五美教师、五美学生"的评价,较合理地展示了学校美育的元素,有效地检测了实施美育课程体系下的课程美、课堂美、学生美和教师美,促进了学校特色的深化与发展。

一是五美课程评价。从"课程目标、课程内容、课程实施、课程管理、课程效果"五个方面开展五美课程评价。

二是五美课堂评价。从"教师形象气质美、教学设计合理美、教学过程优化美、教学语言艺术美、师生关系和谐美"五个方面开展五美课堂评价。

三是五美教师评价。从"品德美、行为美、语言美、形象美、特色美"五个方面开展五美教师评价。

四是五美学生评价。从"品德美、行为美、语言美、仪表美、特长美"五个方面开展五美学生评价。

表 9-2　香山中学学生审美素质评价量表

指标		评价要求	标准达成度					积分
一级项目（分值）	二级项目分值		A 1	B 0.9 | 0.8	C 0.7 | 0.6	D 0.5 | 0.4	E 0.3 | 0.1	
审美知识（20）	审美基础 10	能熟知形式美法则,如整齐、对称、对比、节奏、多样统一等法则,能深入了解自然美、社会美、艺术美、科技美的内容						
	审美认识 10	能从声、色、形、质等外在形式来认识对象的审美性;能了解优美、崇高、悲剧性、喜剧性、中和、意境、虚实、荒诞等不同的审美范畴						
审美情感（20）	审美态度 10	能被美的事物深深吸引,注意力集中,而且在精神上对美产生渴望						
	审美趣味 10	能养成健康正确的审美观,在审美过程中获得美的愉悦						
审美能力（40）	审美品赏 10	能对美的事物进行整体把握和品味能力,并具有一定的鉴别、赏析能力						
	审美仿效 10	能对美的事物主动学习、模仿,能按照美的规律,将客观存在的美和主体感受的美以一定方式表达						
	审美创造 20	通过审美实践,萌发出丰富的想象,并在此基础上创造出美的事物						

续　表

指标		评价要求	标准达成度					积分
一级项目 （分值）	二级 项目 分值		A	B	C	D	E	
			1	0.9 | 0.8	0.7 | 0.6	0.5 | 0.4	0.3 | 0.1	
其他素养 （20）	道德素养 5	举止文明，珍爱生命，与人沟通，团队合作，胸怀大志，能担当，有关爱、感恩之心						
	学习习惯 5	养成良好的学习习惯，表现出学习的积极性，主动性						
	学习能力 5	好学勤思、学习中有问题意识、竞争意识，有想象、发散、独特的思维						
	研究能力 5	勇于实践、乐于探索，具有创新设计、研究实施和总结的初步能力						

表9-3　香山中学五美学生评价表

班级				姓名			
五美	指标	具体内容			学生 互评	家长 评价	老师 评价
品德美	爱国爱党爱家	热爱祖国，热爱中国共产党；了解党史国情，珍视国家荣誉；理解并践行社会主义核心价值观					
		尊敬国旗、国徽；升降国旗、奏唱国歌时要肃立，行注目礼，少先队员行队礼					
		礼貌待人，尊敬师长，孝敬父母，关心兄妹，主动分担家务					
	诚实守信	讲信用，守诺言，抵制不良诱惑，不做有损人格的事					
		能明辨是非，实事求是，言行一致					
	责任担当	遵守法律法规，遵守公共秩序，遵守社会公德					

五美	指标	具 体 内 容	学生互评	家长评价	老师评价
健康美		积极参加生产劳动和社会实践;积极参加学校组织的各类活动,遵守活动的要求和规定			
		能主动作为,履职尽责,对自我和他人负责			
		认真值日,保护校园环境,维护学校良好秩序			
	心理健康	自信自爱,坚韧乐观,有良好的社会适应能力,能够较好地融入集体			
		认识自我,有自制力,能调节和管理好自己的情绪,具有抗挫折能力			
		平等待人,与人为善,同学间互相尊重,团结互助			
	体质健康	坚持锻炼身体,掌握适合自身的运动方法和技能			
		积极参加各类体育活动与体育竞赛,能认真完成阳光体育冬季长跑			
		身体素质测试各项指标良好以上			
	尊重生命	珍爱生命,远离毒品,不参加各种名目的非法组织,不参加非法活动			
		不出入未成年人禁止进入的场地,有主动规避风险的意识			
		有人身安全意识,会自护,懂求救,掌握急救逃生相关知识与技能			
		正确处理好学生阶段异性交往问题,掌握青春期心理、生理的相关知识			
言行美	良好的学习习惯	认真预习、复习,主动学习,有积极的学习态度和浓厚的学习兴趣,掌握适合自身的学习方法			
		好学多问肯专研,上课专心听讲,勤于思考,积极发表见解			
	规范使用国家语言文字	有良好的语言习惯;校园内各种交流活动自觉使用普通话;课堂等学习场合必须使用普通话			
		班级黑板报、作业等用字,书写要规范;参与各种活动的标语、海报、通知等用字必须规范			

续 表

五美	指标	具 体 内 容	学生互评	家长评价	老师评价
		使用文明礼貌用语,对长者、尊者使用敬语			
	正确使用手机与网络	文明绿色上网,善于利用网络资源助力课程学习			
		遵守网络道德和安全规定,不浏览、不制作、不传播不良信息			
		慎交网友,杜绝网络暴力			
	传承优秀传统文化	注重礼仪,待人接物,有礼有节,讲究公共道德行为			
		诵读中华经典作品,传承中华传统美德			
		了解中华传统节庆日、传统民俗的意义			
创新美	投身实践,锻炼自我	积极参与志愿者服务工作,按规定完成相应学时			
		热心公益和志愿服务,敬业奉献,具有团队意识和互助精神			
	一专多能,规划未来	除美术特长外,兼有其他兴趣爱好			
		对于自己的未来有清晰的愿景与规划			
		积极参与职业生涯辅导,持续关注感兴趣的行业,有意识地进行自我知识技能的学习与储备			
	勤于思考,善于探究	勤勉致知,善学进取,具有勤于反思,推陈出新的创新精神。			
		能独立思考与判断,有质疑精神,能有效地解决问题			
		自主学习,具有终身学习的意识和能力			
和谐美	良好的适应能力	积极参与学校组织的各类国际、校际等的文化交流活动			
		有团队意识,懂得分享与协作			
	谦让包容的胸怀	尊重艺术的多样性,欣赏世界多元文化的差异性			
		遵循科学规律,敬畏自然,具有包容忍让、胸怀全局的襟怀			
	高雅的审美情趣	善于发现生活中的美,尊重人类优秀的智慧成果			
		涵养内在精神,具有关切人类生存、幸福的人文情怀			

续　表

学生自评：	班主任意见：
年　　月　　日	签名： 　　　　年　　月　　日

备注：1. 评价等第为"A（优秀）、B（良好）、C（合格）、D（需努力）"
　　　2. 此评价表由学生、家长、老师共同评价后，班主任推选出"五美学生"候选人

第三节　依法治校展现校园公正美

上海市香山中学，创建于 1995 年，是浦东新区实验性示范性高中。学校先后荣获"上海市安全文明校园""上海市未成年人思想道德建设示范校""浦东新区中小学行为规范示范校"等多项荣誉称号，2017 年开始致力于争创上海市特色普通高中，在社区和行业内赢得了良好的声誉。学校有了长足的发展，这与历任校长书记带领班子成员干部以及师生，依法治校，规范办学，励精图治，特色发展是分不开的。

在已经形成依法办学良好格局的基础上，香山中学抓住契机，全面推进创建"上海市依法治校示范校"的工作。

（一）完善依法治校制度建设，建立美育建设新支柱

在《习近平谈治国理政》第一卷、第二卷中，有如下重要阐述：

各级领导机关和领导干部要提高运用法治思维和法治方式的能力，努力以法治凝聚改革共识、规范发展行为、促进矛盾化解、保障社会和谐。我们党是执

政党,坚持依法执政,对全面推进依法治国具有重大作用。要坚持党的领导、人民当家作主、依法治国有机统一,把党的领导贯彻到依法治国全过程。各级党组织必须坚持在宪法和法律范围内活动。各级领导干部要带头依法办事,带头遵守法律。各级组织部门要把能不能依法办事、遵守法律作为考察识别干部的重要条件。

领导干部要做尊法的模范,带头尊崇法治、敬畏法律;做学法的模范,带头了解法律、掌握法律;做守法的模范,带头遵纪守法、捍卫法治;做用法的模范,带头厉行法治、依法办事。

各级领导干部尤其要弄明白法律规定我们怎么用权,什么事能干、什么事不能干,心中高悬法律的明镜,手中紧握法律的戒尺,知晓为官做事的尺度。

法治素养是干部德才的重要内容。要把能不能遵守法律、依法办事作为考察干部重要内容。要抓紧对领导干部推进法治建设实绩的考核制度进行设计,对考核结果运用作出规定。

站在依法治国的大背景下,依法治校是党和国家对校长治理学校最基本的要求,也是非常关键的要求。依法治校,是我们肩负党的教育事业使命的呼唤,是新时代办人民满意学校的迫使,也是我们不忘初心、牢记使命的体现。我们不仅自己不能违背和忘记,而且还要不断增强干部队伍和全体教职员工的法治意识。学习各级各类法律法规,并带领他们以此作为工作、学习和生活的准绳,努力做到遵纪守法,勤奋敬业。即便如此,学校管理还是常常会遭遇问题甚至麻烦。

依法治校的“法”字,其实在认知中有三个维度:第一就是:法律、法规、法令等,具有绝对的强制性;第二是:标准、规律等,具有一定的科学性、研究性;第三是:方法、效法等,具有相当的主观经验性。其实,依法治校的直接指向就是要求我们依据法律、法规、法令来规范办学。但是,在现实中生硬的法律与教育规律和我们的办学经验常常不能完全吻合,甚至存有冲突,需要我们依据教育规律和成功的经验去将现实处理得更好。其实,要将法规性、科学性和经验性把握得十分精准是非常困难的,它要求我们管理者,尤其是校长要具备非常高的法治素养,能够用绝对优势的敏锐的法治意识和规范的惩戒尺度来驾驭教育规律、来展现成功经验。

正因为牢记着沉甸甸的使命,我们都在砥砺前行。依法治校必须学习基本的法律,提升自身的法治素养,将自己和干部队伍还有学校发展武装得更强大更安全。教育需要法律的推动,学校需要法律的规范,学生需要法律的保护,校长也需要法律的支持。

学校现行的《上海市香山中学章程》,于 2015 年 4 月 17 日获上级主管部门核准后得以实施。章程推进工作的开展由校务办负责执行。全文公示于校园网,自觉接受社会监督。《章程》的内容主要分"教师规章制度"和"学生规章制度"两大部分,包括教育教学、德育工作、人事政策、后勤管理、奖惩条例等项目。

在校法律顾问的专业指导下,学校的规章制度日益健全,体系构架逐步完备。先后制定的资产财务类制度有 20 项,后勤保障类规章有 28 项,安全管理类制度有 51 项。与依法治校直接相关的文件制度涉及《上海市香山中学党务公开责任考核制度》《上海市香山中学立改废制度》《上海市香山中学校务公开制度》《上海市香山中学领导个人事项申报制度》《上海市香山中学校务委员会议事规则和决策程序》《学校"三重一大"制度》等十余项规章。

为使校内规章制度与《章程》相配套,学校形成了规范的"立、改、废"流程,涵盖意见征询机制、合法合规审查机制、公开与公示机制、跟踪与评估机制、规章汇编机制、档案保管机制等内容。日渐完备的规程设置为依法治校提供了有力的制度保障。

（二）建全依法治校新体系，抓好美育建设结构治理

学校注重发挥党组织的政治核心作用。认真落实中共中央关于"重大事项决策、重要干部任免、重要项目安排、大额资金的使用，必须经集体讨论做出决定"的有关规定。严格遵循决策意见征询制度和公示监督制度，在涉及重大事件或教师普遍关心的诸如工程招标、职称评审、职务晋升、绩效分配、评优推优等问题上，广泛调查研究，深入听取群众和专家的意见，积极展开风险评估。遵照"集体领导、民主集中、个别酝酿、会议决定"的议事规则，最终形成决策，并将过程和结果按要求予以公开，让内控程序发挥保障力量。

作为教职工参与学校民主管理和监督渠道的教职工代表大会，一直是香山中学依法治校工作的重要依靠力量。学校拥有健全的教代会工作机制。由教代会主席团在听取党组织、行政部门建议后，确定议题，并按流程召开教代会主席团预备会，确定教代会主题，发放教代会提案，广泛征求各代表和全体教职工的意见。在会议过程中，代表们充分发挥民主参与、民主管理、民主监督的作用，听取包括《上海市香山中学章程》《学校特色普通高中创建方案》《学校四年发展规划》《学校改建设计方案》《上海市香山中学副职聘任方案》《学校财务工作总结》《学校工会工作总结》在内的专项工作报告，并提出意见和建议；讨论通过学校提出的与教职工利益直接相关的福利、校内分配实施方案以及相应的教职工聘任、考核、奖惩办法。如《上海市香山中学奖惩条例》《上海市香山中学教师进修暂行规定》《上海市香山中学聘用合同制实施细则》《上海市香山中学校本研修管理制度》《香山中学职务聘任制度》；审议通过学校上一届（次）教职工代表大会提案的办理情况报告。

此外，香山中学在家长委员会建设方面也设有健全的工作机制，形成了班级家委会、年级家委会、学校家委会三级家委会体制。校级家委会成员主要由

各年级推选出的 5 到 10 名家长代表组成,其人员由学校老师、行政推荐,学校党政研究决定。主要职责对学校工作进行监督,向学校提出意见和建议,定期参加讨论学校工作计划,听取校长就学校各方面的工作情况汇报;配合学校开展家庭教育指导工作,强化家长与学校之间的桥梁纽带作用;引导家长创建"学习型"家庭,营建健康、温馨的家庭氛围;构建和完善社区、学校、家庭三位一体的家庭教育指导网络;积极参与学校教育、教学研究活动,协助学校共同提高教育教学质量。家委会工作例会每学期一次,2019 年度,学校就学生午餐费调整、校服款式及价格调整、"五美学生"评价体系调整等问题与校级家委会成员交换了意见,达成了共识。显见,依法治校的外部环境建设脱离不了"家校社"的合力作用。

学校民主和监督作用的充分发挥,同样也离不开共青团、少先队等群众组织的积极作用。学校《章程》中明确地对其职责权限和议事规则作出了说明:即要采取多种形式,有计划地对团员进行理想教育,热爱党、热爱祖国、热爱社会主义的教育和团的基本知识教育,不断提高团员正确的人生观、价值观和世界观;了解少年儿童的思想、学习、健康、生活情况,向党团组织和学校行政反映,并积极主动开展各种教育活动;组织好大队活动,搞好阵地建设,做好发展新队员、改选、奖励、处分等组织工作。主动向学校教师、家长和社会各方面宣传少先队组织的性质、任务和作用,争取各方面的支持和帮助。

准确明晰的治理结构为依法治校创设了有序的管理体系。

(三) 设立依法治校新机制,重视美育组织领导

依法治校是一项事关全局的重要工作。为此,学校设置了包括副校长、工会主席、校办主任在内的专职岗位来具体负责该项事宜。聘请金杨派出所沈春华副所长,担任香山中学的兼职法治副校长。聘请金杨派出所高建华警官,担

任香山中学的法治辅导员。利用专题教育课、教工大会的机会，为全校师生举办法治专题讲座和开展法规宣传。本年度校领导班子会议研讨涉及依法治校工作议题的次数有 4 次。依法治校的工作，目前已纳入学校年度计划及考核当中，有明确的工作要求和目标考核机制。

学校安排管杰老师担任"校综合治理管理员"。设有"学校综合治理办公室"，组长顾霁昀校长，组员齐士臣、陈莉娜、金炯延、林琳、刘晓辉、黄国清、各年级组长。具体负责组织有关人员及时查询并消除治安隐患，解决出现的不稳定因素，堵塞漏洞。组织治安、调解委员会有效地开展工作，并协助学校做好普法工作等事项。职权界定如下：校长全面负责学校安全工作。健全学校安全工作机构、人员落实、职责明确，实施到位。组员协助组长做好学校日常安全具体工作。在合同签订等日常民事行为、采购及招投标、基础建设等专项工作、法律文书的撰写及审查、处理诉讼及非诉纠纷、开展普法活动方面，香山中学聘请君澜律师事务所王恒律师担任法律顾问，来提供专业的法律支持。

专业负责的组织领导为依法治校创建了务实的工作机制。

首先，完善制度，建章立制，有据可依，是基础。在创建过程中，我们充分发挥法律顾问的指导作用，从《学校章程》入手，着力健全"教师规章制度"和"学生规章制度"两个部分，涉及教学工作、教育科研、德育工作、人事、后勤管理、工会工作、学生在校规范、住宿条例、奖惩条例等全部内容，由主管行政部门协同其他相关部门，根据新时代对教育的新要求、政策调整的精神，通过"立、改、废"程序，规范、公开、透明地进行修订，首先确保现有规章制度存在与任何法律法规没有相抵触的情况。然后特别加强资料的收集整理和档案的管理规范，由各部门研讨、整理、归类各类制度与材料，再由专门人员负责牵头收集、归整、储存和调阅工作，保障完善制度，规范有据。其实，每个学校都有各类的规章制度和档案工作，这项工作很基础，很繁琐，很不起眼但很重要，这次创建整理的过程不但让我这个新任校长学习了解了学校的制度现状，也帮助干部们温故而知新，清晰了各项工作的法律边界和法制责任。

其次，有效内控，有序监督，规范合理，是路径。依法治校，有一条必不可少的重要路径，就是：必须要充分发挥学校党组织的政治核心和战斗堡垒作用。校长对学校的教育教学和行政管理工作全面负责，党支部则带领工会、教代会参与学校民主管理、民主监督，参与到学校工作的各环节中去，实施有效地内控。在这里我必须要感谢唐学梅书记，作为香山中学德高望重的老书记，政治素养高，工作到位，经验丰富，香山中学历任校长以来都能稳定规范地前行，党支部功不可没。其实，在保障与监督校长依法办学的过程中，书记们都是付出了不为人知的智慧、汗水，甚至会有甜酸苦辣、五味杂陈，因为很多工作的复杂性是难以预料的。但是不论多难多杂，有效内控、有序监督，是必须的路径。凡涉及学校重大事件、重大项目或教师普遍关心的问题，职称评审晋升、各类考核、绩效分配，评优推优、规范招生、规范收费、建设工程、与教职工权益有关的事项等，坚持党政工联席、校务及扩大会、行政会等不同形式的"集体议事"，多渠道地广泛听取意见和建议、开展论证或讨论、进行客观评估风险、最终形成决策，从过程到结果，让内控程序发挥出保障作用。

最后，明确责任，督查有心，改进有力，是关键。通过对各分管副校长和行政部门主任工作的督查与问责，提高行政干部见微知著的敏锐性和真抓实干的严谨性。尤其是涉及教育收费、规范代办、违规收费、教材管理、教辅材料管理、图书、教材、教学用品供销采购、收费补课、规范教学行为、规范考试制度等方面的工作，要做到落实过程环环相扣、层层负责、监管有效、改进及时。从校长、书记到行政、教师，整个学校的日常管理运作，为了确保教育教学的安全有序。但因为教育关乎的是学生，关乎的是民生，关乎的是民族复兴，必须给管理加码，力争精益求精，尽善尽美。

（四）建立依法治校新举措，规范学校办学行为

在招生工作方面，为保障招生工作公平、公开、公正、规范地开展，学校成立了由顾校长担任组长，校务会成员以及主管部门主任担任组员的"招生工作领导小组"。分工负责招生工作各个环节。同时，香山中学还设立有相应的招生监督小组，邀请责任督学担任校外监督员，把控招生工作的各个环节。具体的初中、高中招生方案在校园网予以了公示。分别在课程处、教务室开设了对外监督电话：68561542、68567640。本学年招生工作开展有序，圆满完成了各类生源的招录。

在教育教学方面，学校严格执行国家及本市课程方案和课程标准，未擅自开设需要上级部门批准的课程或教学项目。并开展了专项自查，不存在校方组织学生参加有偿补课、校方将教育教学设施或学生信息给校外培训机构进行有偿补课的情况；不存在在职教师组织、推荐、诱导学生进行校内外有偿补课，在职教师参加第三方组织的有偿补课，或为第三方介绍生源、提供信息的现象；学校不存在向社会办学机构提供场所和设施举办针对中小学生的各类有偿培训班。并设有师生有偿补课投诉电话68567640。

在财务资产管理方面，学校相继制定了《上海市香山中学学生代办费的收取与使用制度》《上海市香山中学学生退费标准》《上海市香山中学高中收费标准》。每年定期对春季、秋季教育收费工作展开自查；学期初在校门口公布收费情况。通过公示栏、校园网、缴费清单等多种形式，向学生家长及社会全面公示收费项目、收费标准、收费依据、减免政策、投诉电话等内容，提高收费的透明度；学校目前没有任何强制代办、服务和收费。组织学生参加课外活动，继续实行由教育局控制总量、学校事先征求学生家长委员会意见、上报教育局教育处备案、经公示后书面征得学生家长自愿选择意见、按规定做好收费和管理使用、结算等工作程序;没有强制或变相强制学生参加商业保险、订阅报纸杂志等行为,也没有强制收取服务性收费、代收费或从中牟利的行为。不存在收取与入学挂钩的赞助费和其他各类违规收费情况,无变相收取借读费的现象。也没有以举办提高班、特色班等为名义的乱收费行为。

学校还建立实施了《上海市香山中学财务报销制度》《上海市香山中学财务管理制度》《上海市香山中学固定资产管理制度》《上海市香山中学经费预算管理制度》《上海市香山中学内部稽察制度》《上海市香山中学内部控制制度》等一系列规章制度,实现了财物资产管理的规范化操作,提高了学校内部把控的能力。

在信息公开方面,学校安排校务办和信息中心共同完成校园信息公开的工作。制定有《校园网络安全管理制度》;构建起了学校网站、公示栏、微信、广播、宣传展板、电子显示屏、行政例会、工会干部会议、教职工大会、学生大会、家长会等信息公开渠道。学校就基本情况、规划计划、招生考试、师资队伍、教育教学、学生住宿、用餐、组织活动等服务事项及安全管理情况、突发公共事件应急预案及处置情况等方面的内容,编制有信息公开目录和指南。保障教职员工、学生、社会公众对学校重大事项、重大制度的知情权。

透明公正的办学行为为依法治校奠定了规范的发展样式。

(五)落实依法治校新要求,维护师生基本权益

在教师权益维护方面,学校先后就教职员工聘用、教师工资、福利、社会保险等问题,制定了《2019年绩效工资分配方案、考核办法》《福利费规范通知》《上海市香山中学聘用合同实施细则》《香山中学三定方案》《香山中学教师招聘考核方案》《香山中学中层正副职聘任办法》。为保障广大教师职务职称评聘、继续教育、奖惩考核方面的合法权益,学校又相继推出了《香山中学职务聘任制

度》《上海市香山中学奖惩条例》《上海市香山中学校本研修考核方案》《上海市香山中学学法制度》《上海市香山中学教师进修暂行规定》《上海市香山中学校本研修管理制度》等多项举措。其中，《上海市香山中学聘用合同争议调解办法》《上海市香山中学教师申诉委员会工作规程》的实施，"教师申诉委员会"的确立，为化解教师与学校之间存在的矛盾纠纷，提供了有效的依据和途径。其成员经由教职工代表大会认可产生。

在保障学生权益方面，学校设立"校法制办公室"，具体负责此项事宜。学校依法保障学生合法的申诉权利。在其获得处分前有陈述与申辩的机会；学校允许学生聘请代理人参加申诉；保障学生知悉处分的期限与后果。对未成年学生，须做到听取其法定监护人的意见。

学校已购买校方责任险种——"学生校园平安险"。涉及学生的安全和伤害事故应急处理机制有《香山中学学生意外伤害事故应急处理预案》。处置流程如下：1. 以最快的速度把受伤学生送往医院救治；2. 及时通知家长；3. 报告校长、局办、青保办和业务科室，先口头后书面，同时向保险公司提出保险；4. 重大事故立即成立事故处理小组；5. 调查取证；制定的学校安全制度包括《安全工作制度及管理办法》《校园安全管理制度》《校园网络安全管理制度》《专用教室及各科室安全管理制度》《消防工作制度》。

在安全法制教育方面，学校利用新生入学、节假日来临之际，通过广播宣传、环境布置、防护演练、印发《安全告家长书》的形式，来开展安全宣传，提请学生与家长对自身安全的注意。目前，香山中学的师德建设情况良好。"学先进，树风范"的大局意识深入人心；不存在教师侵害学生合法权益的情况；没有教师组织或参与有偿补课。

在处置纠纷方面，香山中学已经形成了一整套解决机制。处理实施中，年级组长、班主任工作例会，很好地发挥了沟通、桥梁作用。学校领导能及时了解教师中出现的情况,并且将很多纠纷解决在萌芽状态;教工大会的民主议事程序日趋成熟,教职工表达意见的渠道畅通。在出现争议时可以在党支部、工会的组织下,多渠道地展开沟通,最后达成共识;家长委员会也能通过定期召开的会议,将家长对学校的一些意见建议及时反馈给学校;学校也能据此有效地作出回应,通过家委会,宣传学校的有关政策、措施。近年来,香山中学总体局面和谐,没有出现大的纠纷。如依靠教代会,完善处置机制,化解"教师献血纠纷",便是成功案例之一。

扎实有效的权益保障为依法治校营造了开放的和谐氛围。

(六) 构建依法治校新环境,弘扬校园法治精神

香山中学坚持把普法教育作为依法治校的基础性工作来抓。在普法教育过程中,特别注重普法机制的健全,普法受众面的扩大。学校每年度都制订有详实的普法宣传规划。学校重视领导干部率先垂范,带头学法作用的发挥。每学年安排校领导班子参与的校内法治专题学习不少于 5 次。会同法治骨干教师参加的区级法治培训不低于 4 人次。顾校长本人更是带头研读了《习近平谈治国理政》第一卷、第二卷,并在区校长书记会议上,作了主题为《提升法治素养,全面推进新时代依法治校》的发言。

目前,香山中学已建立有教职工全员学法制度。把学法用法纳入教职工的工作职责范围,把法律课程的学习作为对教职工的必备要求,把遵章守法作为与相关方协调沟通的重要内容,进而达到了全员普法的目的。为此,学校充分利用干部中心组学习、教职工政治学习、法制教育讲座、工作协调会、聘请专家等形式,定期开展全员普法教育。学习内容涉及教师权益保护、校园暴力防控、突发事件的引导等方面,取得了令人满意的成效。例如通过对《校园暴力防控知识》的学习,教师了解到了校园暴力的常见形式,掌握了校园暴力的预防措施

及处理方法;通过《教师权益保护法》的学习,提高了教师权益自身保护与义务的履行。可以说,香山中学一直以来保持着的"市文明单位"这一光荣称号,正是得益于全体教职员工法律素养的不断提升。

在法治教育中,同样不容忽视的是对学生群体的普法宣传。香山中学以课堂为主渠道,注重法制教育与文化教育相结合,努力做到计划、教材、课时、师资"四落实";重视法制教育与德育教育相结合,把法制教育融入学生日常行为规范的培养;注重法制教育与校园文化活动相结合,通过升旗仪式、校会课、班团队活动课、黑板报、小报、演讲、《告家长书》等丰富多样的活动形式,寓教于乐,寓学于乐。确定每年3月最后一周为安全教育周;5月有"法制宣传周";6月设有国际禁毒日;11月定为"法制宣传月"。普法教育的效果日益显著,其中较为突出的成果还包括潘思慧等同学荣获浦东新区中学生宪法知识竞赛中学组三等奖(2018.12),沈佳鹏等同学获"宪法在我心中"——尚法杯主题书画大赛一等奖(2018.12)。细致深入的法治教育为依法治校开拓了广阔的涵养空间。

(七)开辟依法治校新格局,注重法治校园特色创新

不懈奋斗的香山学子以执着坚定的信念,迎来了满怀艺术气息的法治校园。"浦东新区未成年人思想道德建设示范校""浦东新区中小学行为规范示范校";年度校内纠纷零发生率……纵观这些年取得的成就,无不彰显着香山学校"以美立校,立美育人"的精神。

学校高度重视法治建校工作,重点推进创建的特色项目如下:

特色项目一:法治文化孕育香山气质

以"陶冶艺术情操,培养综合素质"为主题的"能力培养系列",通过学校书画长廊、班级雏鹰角、黑板报等个性化的法治宣传布置,展示学生的书画作品、艺术风采等,努力营造处处有法制的教育氛围。

以"展示个性特长,感受成功幸福"为主题的"成功教育系列"通过学校电子屏、宣传长廊、学校网站等主阵地,展示学生"尚法杯"、法律知识竞赛等各级各类获奖信息及学校活动中学生的个性风采。在这里学生可以感受成功幸福、品味实践之乐、憧憬美好未来。

特色项目二：法治环境浸润香山内涵

学校通过"礼仪教育"正行为、"法制教育"明纲纪、"爱心教育"暖心扉、"感恩教育"馈他人、"安全教育"练技能、"艺体教育"展个性、"科技教育"促创新等丰富多彩的德育活动,让道德认知和道德意志紧密结合,让道德行为真正得以实施,并内化成学生的自觉行为,伴随学生终身。

"近朱者赤,近墨者黑",环境因素虽说是德育教育的外因,但其耳濡目染、润物无声的熏陶作用是决不可被低估的,学校的绿草、鲜花、树荫等不仅能调节学生的心理,还能陶冶学生的情操。为此,学校以思想道德教育为重点,以日常的养成教育为基础,以良好的心理素质培养为突破点,积极依托资源优势,精心打造校园法治环境,建构法治主题教育。

特色项目三：法治课程彰显香山理念

法治课程的目的是培养学生正确的人生观、价值观、世界观和健康的心理品质,而美育是提高学生思想道德品质的重要途径和手段,在法治课程中渗透美育是一种合理而有效的教学手段。美育依照美的标准来对学生的人格和情感进行培养,使他们对美丑拥有基本的辨别能力。在法治课程里,让学生发现学习的美,提高其学习兴趣和积极性。学习创造着美,蕴含着美,通过不断学习来提高思想境界和道德情操也是一种美的行为。培养学生创造美的意识和潜能,为学生的想象、创造提供充足的发挥空间。

特色项目四：法治活动践行香山使命

学校以"播种良好习惯,收获健康人生"为主题开展养成教育,其内容包括

《社会主义核心价值观》《中学生学生守则》、人生格言、名人名言、14 岁集体生日、18 岁成人仪式等,使学生理解"习惯就是素质"的内涵,从而养成遵纪守法,言行规范,文明自律,勤奋向上,全面发展的良好习惯,激发学生的使命感。

特色项目五:法治精神涵养香山气息

2019 年暑假校园长培训会上,香山中学顾霁昀校长作了题为《提升法治素养,全面推进新时代依法治校》的发言,顾校长从学习法律,始终厘清,提升校长自身的法治素养;落实到人,着力内控,明确行政干部的法治责任;整体构建,完善监督,优化"家校社"一体的法治环境三个层面介绍了香山中学依法治校的经验,受到了与会者的高度赞扬。

在依法治校中,完善社区和家庭对学校的支持与监督,共同构建"家校社"一体的依法办学环境,是非常有必要的。构建社区参与学校管理与监督的机制,健全家长委员会工作机制,形成班级家委会、年级家委会、学校家委会三级家委会体制,发挥社区和家委会的资源和作用。明确章程和职责,明确职责权限及议事规则,共同沟通和商议教育教学工作,依法依规履行职权,参与和监督管理和决策,共同形成"家校社"合力,营造依法治校的外部环境。学校义不容辞地肩负着教育家长、联通社区的职责。教育,从来都是一项全社会的工程,只有社会成员都具备法治意识、都有守法行为、都懂得承担违法责任了,教育才会更强大,依法治校才能更显法律的威严。

近年来,在全体师生的不懈努力下,学校先后荣获"上海市未成年人思想道德建设示范校""浦东新区中小学行为规范示范校""上海市安全文明校园"等荣誉称号,社会声誉度逐年提高。迈入 2019 年,香山中学积极致力于"上海市依法治校示范校"的创建。依法办学的良好开局又呈现出了革新进取的新风貌。

个性鲜明的特色创建为依法治校注入了长足的发展动力。

古往今来，一切伟大梦想的实现都不是一蹴而就，一劳永逸的事。有着"大美·大爱"情怀的香山人注定要在这条美育特色的革新之路上，砥砺奋进，攻坚克难。"民主""文明""自由""平等""公正""法治"——正是我们共同的中国梦。

| 第十章 |
美育科创挖掘美的表现力

　　中学课程体系中的各学科都蕴涵着丰富的美育因素,教师如能发掘并传播这些审美因素,将美育渗透到各学科课程教学中,既能拓宽美育的途径,也能提高学科教育的教学效果。

第一节　美育课题研究带动教研能力

香山中学走在"以美立校，立美育人"之路上，不忘初心，积极探索，敢于创新，遵循美之规律、育之规律，开展了创造性和有效性的教育教学活动，收获了创建上海市特色普通高中的一个个亮点。

（一）创新机制，成立"香山美育教学研究中心"

学校根据校情实际，充分发挥自身的优势，传承香山办学特色，形成了一系列管理运行机制，营造了和谐发展、奋发向上的文化氛围，促进了学校各项工作全面、健康地开展。尤其是近两年，学校在"以美立校，立美育人"办学理念的指导下，落实习总书记"美术教育是美育重要组成部分"的指示精神，借助2018年被授予"美育教学研究示范基地"铜牌的契机，遵循统整而有效的原则变革管理，成立了创新机构"香山美育教学研究中心"，引领学校美育教学研究的实施及特色活动的推进。

"香山美育教学研究中心"采用全新的"1＋3"管理模式来组织架构：校长室直接领导下的美育教学中心、美育科创中心、美育成果展示中心为核心，组织开展工作，定位聚焦实践和研究两大功能，实践功能主要包括：美术教学的质量监控、美术教师的专业培养、美术专业活动的组织实施、课程教学的跨学科融合及主题整合、非美术学科特色教师的培养、美育特色课程的执行落实等；研究功能主要包含：新时代美术教学的变革、美育学科渗透的研究、美术特长生培养的研究、美育特色教师的培养、美育活动实效性的研究等。

"香山美育教学研究中心"拥有强大的人力资源。以46人的覆盖全学科的香山特色教师团队为主体，辅以34人的领军人才团队。成员包括高校专家教授、特级教师、资深美育特色领军专家、相关行业的精英等。从事培训、带教、培养学校有潜质的特色教师等事宜。学校管理、美术学科、文化学科三大类领军人才发展导师团分别对应特色教师的培养与发展。学校管理导师团成员主要有陈玉琨教授、钱初熹教授、张志敏校长等；美术学科导师团成员，除曹建林、张家素等美术界领军人才之外，还聘有市美术家副协会秘书长丁设、美术特级教师特级校长赵琪坤、华东理工大学教授俞丰、上师大美术学院院长周朝晖、上师大美院油画系主任王剑辉、上影厂美术专家东进生以及中央民革香山美院执行院长陈明；文化学科导师团成员，在黄荣华、郑朝晖等一批上海市特级教师、正高级教师基础上，特邀了上海市首位美育特级教师王圣民、政治特级教师正高级教师秦红、历史特级教师汪德武、地理特级教师张新、物理特级教师金松、化学特级教师郑胤飞、生物特级教师蒋金珍、体育特级教师李鹰。全学科全覆盖的领军人才导师团，为香山美育教学研究中心的"聚焦实践和研究"提供了软实力保障，更为美育特色教师指明了发展方向——"有理想、责任、魅力和情怀"。

硬件设施的升级保障，为美育特色插上了飞翔的翅膀。美育教学中心：由原来10间美术专用工作室增加到了12间，配置了多款多媒体设备。并对原来的美术专用工作室的采光进行了改造。在每间工作室外增设了电子班牌，新增设的多媒体设备与传统教学手段优化组合,打破了知识的空时限制,多层次、多角度、立体直观地展示于学生面前,促使学生较快地掌握知识,增强了学习兴趣,更是在美好的情境中增长了感受美、表达美、创造美的能力;美育科创中心:2020年,学校基础设施建设进一步加大投入,安全达标工程的实施,进一步烘托了学校的艺术教育氛围。在原有的创新实验室基础上,又新增了国学文化工作室、红叶传媒工作室、音乐、戏曲、舞蹈工作室、国画书法工作室、艺智科创工作室、动漫泥塑工作室等七个拓展课程专用教室。区教育局投入400余万元添置相关专用现代化设备,并更新了安全体验教室与多媒体视听教室各一间,添置了常规教室多媒体设备20套;美育成果展示中心:改建后的"香山艺苑"扩大了面积,新辟了VR云展馆一角,以VR全景视频技术实现观众与艺术的"零距离"接触,永不落幕的在线展览馆带来了沉浸式逛展的新体验。

(二) 课题引领,推动教师教研能力升级

在"香山美育教学研究中心"的指导下,学校统整了各级各类的教科研课题,从"学校层面""教研组层面"和"教师个人层面"推进以教学案例、教学模式、活动模式等不同主题的课题研究(如表10-1),借力科研来助推学校美育特色建设的全面发展。

作为华东师范大学教授课题项目组成员,学校参与的上海市级课题,"五育融合视域下中小学'大美育'体系设计及实验研究"。该项目对香山中学"美育课程体系"的特色建设做了全面的诊断与评估,有效推动了"基于区域特色课程创造力实践与研究"。作为联盟盟主学校,香山中学携手13个联盟学校共同探索"文创"板块的特色课程创造力的研究,再结合课题:基于数字化时代的"美育塑造学生美好心灵"研究的深入,最终促成了教学观念的转变,课堂教学育人方式的改变。为提升现代化治理水平,学校还致力于家校合作机制的研究,落实

浦东新区家校合作协商促进学校治理结构完善的实践研究——子课题"家庭参与学校教育教学工作的实践研究"的项目推进,开创了"家校社"联动的大美育一体化的新格局。

表 10 - 1　上海市香山中学教育科学研究课题(2018—2020)汇总表

序号	课题名称	项目来源	立项时间	负责人	研究成果	状态
1	基于美育课程体系的特色学校建设的研究	浦东新区教育科学研究课题	2016 年	徐风	2019 年评为浦东新区第九届教育科研成果一等奖	结题
2	基于美育体系的特色学校建设的再实践研究	浦东新区教育科学研究课题	2018 年	顾霁昀	中期报告"基于美育体系的特色学校建设的再实践研究"获评比 A 项等第	在研
3	浦东新区家校合作协商促进学校治理结构完善的实践研究—子课题"家庭参与学校教育教学工作的实践研究"	浦东新区教育科学研究课题	2018 年	顾霁昀	子课题优秀组织奖	结题
4	基于评估诊断的学校课程发展研究	上海市双名	2019 年	刘玉华	向美而行—香山中学课程规划	在研
5	基于数字化时代的"美育塑造学生美好心灵"	人民大学教育科学研究课题	2019 年	顾霁昀	中期报告"建构'塑造学生美好心灵'的学校美育课程体系"	在研
6	基于区域特色课程创造力的实践与研究	上海市提升中小学(幼儿园)课程领导力行动研究(第三轮)	2019 年	顾霁昀	2020 年 5 月阶段成果"智慧、融通、生命"在人文板块项目组展示	在研
7	构架以审美和人文素养为核心的美育课程体系	上海市学校艺术科研项目	2019	顾霁昀	中期成果"香山中学美育课程"实施	在研

续　表

序号	课题名称	项目来源	立项时间	负责人	研究成果	状态
8	"与大师同行"美育主题系列活动	华东师范大学"教育筑梦"计划"教育梦想"行动	2020	顾霁昀	方案申报阶段	申报
9	美育融合进学科教学路径研究	浦东新区教育科学研究课题	2019年	张燏	参加浦东新区2020年"中小学幼儿园课题情报"征文	在研
10	"题画诗"研究	教师个人校级课题	2019年	黄长德	出版《题画诗集》成果集	结题
11	"诗经豳风·七月"研究	教师个人校级课题	2019年	王蕴	2020年11月出版师生创作诗成果集	结题
12	"胡同文化"研究	教师个人校级课题	2019年	陶欣怡	在高一年级举行《胡同文化》讲座	在研
13	"至德五常"研究	教研组校级课题	2018年	曹琼	出版《至德五常成果集》	结题
14	切实重视书法教育在语文教学中的作用	教研组校级课题	2019年	李勇	举办"爱我中华书法作品展"	结题
15	"数学教学中的美育功能"研究	教研组校级课题	2019年	杨素芸	举办"函数图形美"学生作品评选	结题
16	数学课堂教学中数学文化的渗透	教研组校级课题	2019年	龚燕	举行组内公开课活动	在研
17	"艺术表演活动在英语教学中的作用"研究	教研组校级课题	2019年	闵欢徐际红	举办"I Like I Show"英语艺术节活动	结题
18	合作探究教学模式在历史学科中的运用	教研组校级课题	2019年	覃丽	出版《跨学科融合课程成果集》、举办"历史漫画小报"展示	结题
19	"格物致美—物理教学渗透美育"研究	教研组校级课题	2019年	高云云	举办"格物致美"最美物理作业展	结题

续　表

序号	课题名称	项目来源	立项时间	负责人	研究成果	状态
20	"在化学教学中实施美育"研究	教研组校级课题	2019 年	陈永红	举办"暑期小报"最美化学作业展	结题
21	"生命科学教学中升华审美情感的方法"研究	教研组校级课题	2019 年	陈锐敏	举办"最美植物标本"展	在研
22	五育融合视域下中小学"大美育"体系设计及实验研究	上海市教育科学研究课题	2020 年	刘竑波	上海市香山中学美育特色研究报告	在研

第二节　美育学科渗透发展教学活力

（一）美育学科渗透发展的理念

中学课程体系中的各学科都蕴涵着丰富的美育因素，教师如能发掘并传播这些审美因素，将美育渗透到课程教学中，则既能拓宽美育的途径，又能提高学科教育的教学效果。采取多种形式和手段，创设美的学习氛围，使学生在愉悦中获得知识，在潜移默化中实施美育。通过美育基础学科教学，教师不再是空洞的说教者，当然这一定是基于教师对所教学科包含的人类生活与活动及其教育价值有着更深刻的认识与理解。优秀的课，往往能给人以美的享受，师生双方都乐于去求真、求美、求善的学科教育本身就是美育的过程，美育理所应当是所有学科教育共同追求的最高境界。

美育学科的渗透发展主要遵循以下四大原则：

一是直观性原则。直观性原则是建立在教师对美的本质、特征的认识基础上的。一般而言，美总是感性的、具体的、形象的、直观的。它直接作用于人的感觉器官，感知是审美活动的基础。美不仅是感性的、显性的，还是理性的、隐性的，科技美便是其集中的体现；另外，教学过程本身的逻辑性、艺术性在很大程度上也是一种抽象的美。因此，形象直观法（原则）也是有一定的局限性的。

二是情感性原则。情感性原则具有审美活动的心理特征。非智力因素的概念与情知教育的理论是其重要的理论支撑。

三是创造性原则。创造性原则在很大程度上来自当前人们对创造、创新意义的时代性认识。就美的本质、特征而言，它更具有特殊意义，即：教学审美化的实现离不开教师创造性的劳动。另外，创造性还体现于师生双方审美活动中对审美对象的建构和学生的立美活动中。

四是和谐性原则。和谐性原则是美育教学最重要的原则，它比形象直观原则和情感性原则更重要，具有更大的普适性、概括性。教学内容等静态的美离不开和谐，教学活动中动态的美同样也离不开和谐；教学主体与教学客体存在和谐，师生之间也必须建立和谐的关系，这是审美化教学最基本的前提条件。可以说，和谐性原则贯串于美育教学的每一个要素、环节与过程之中。

香山中学在"以美立校，立美育人"办学理念的指引下，深入研究、实践学科美育渗透的实施途径，总结出了四种学科美育渗透方法：首先是情景引入法。情景引入法是教师通过设计适当的问题情境，引入新知的方法。运用此方法，可以调动学生学习的关注点，激发学生的思考热情，培养学生审美的情趣。常见的情景引入法：一是以音像材料引入教学活动；二是以诗文或故事引入教学；三是以史料或社会背景引入教学。情景引入法能够创建相关的审美情景，造成一种师生共同参与的活跃气氛，调动学生对问题的研究兴趣，使学生能够全身心地投入审美情景之中，在得到审美感受的过程中获取知识。其次是直观呈现法。直观呈现法是教师将相关的学科内容以直观、形象的要素呈现给学生的方法。直观呈现法包括声音对听觉的呈现,图片、数字、图形等对视觉的呈现,揭示本质、总结规律等对思维的呈现。具体内容有:一是视觉呈现,二是思维呈现。通过听觉、视觉及感知得以直观呈现,一方面给全体学生一个极其自由的思维空间,另一方面能够唤起学生的审美想象,激发学生的美感体验,调动学生的参与意识,发挥学生的求异思维。再次是体验感悟法。体验感悟法是通过教师创设适当的教学情景,在情景中把学生作为情景的主体,通过参与活动过程,切身体验获得感悟、达到一定目标的方法。常见的体验感悟法有:一、通过例题解析获得体验感悟;二、通过音像图片分享获得体验感悟;三、通过教学过程设计的展示获得体验感悟。体验感悟法带给学生的改变和成长是由内而外的,学生感悟是深刻恒久的,这正是学科美育渗透的本质价值。最后是师生互动法。师生互动法是在学科美育教学过程中,充分发挥教师的主导"美育"作用和学生的"审美"主体作用,来有效开展"美育"和"审美"活动的方法。具体操作如下:一是教师的"美育"主导作用。即是教师在教学过程中应帮助学生把握审美对象,从感染、欣赏、探索诸方面引导学生的审美认识,调动学生接受美育的主动性和创造性;二是学生的"审美"主体作用。当今高中生正处于精力旺盛、朝气蓬勃、积极进取的青年时代,审美主动性强烈,审美创造力强烈,对美充满好奇和渴望,其情感能力和理解能力也日趋成熟。教师应充分考虑到这些特点,在学科教学过程中给予学生恰当的激励、赏识、理解和帮助,努力创设一种和谐、愉快、民主的情境氛围,多给学生提问、回答的机会,注重讨论式和启发式,活化课堂教学,注重开展专题讨论,鼓励学生通过查阅书籍、利用网络资源等途径主动参与美的创造和欣赏。通过师生互动方法,能够更好地调动学生学习的积极性与主动性,调动其审美情趣、提高其审美能力、激发其审美创造力,提高学生对教学内容的理解能力,促进学生"审美"素养的培养和教师的"美育"技能的提高。

（二）美育学科渗透发展的组织架构

香山中学美育学科渗透的组织架构分两条主线。从 2005 年起，香山中学已经开展探索国家基础课程的美育渗透研究，形成了《香山中学基础学科美育渗透课程方案》（高中文科）和《香山中学基础学科美育渗透课程方案》（高中理科），涵盖了高中 9 门科目。

1. "做亮艺体"：根据国家课程中《体育与健身》和《艺术》的基本要求，结合学校美育特色，注重对上述两门学科美育功能的深度发挥，使之体现特色高中的文化特征。

2. "做宽人文"：人文课程群容纳语文、外语、思想政治、历史、地理（人文部分）、社会（综合）等学科，涉及语言文学和社会人文两大学习领域。这些学科所包含的美育因素是十分丰富的，在以往日常的教学中往往被掩埋在一般性学科性的知识技能里。学校美育课程特色文化的塑造，客观上要求回归学科教育的本真，使这些因素在学科建设中显性化、日常化。为此就需要对这些学科的课程标准结合教材做出重新解读。

3. "做实科技"：当今世界的课程在强化跨学科和综合的趋势下，出现了后现代教育思想的新课程，如 STEM（科学、技术、工程、数学的融合）课程，目前在此基础上又融入了艺术（Art），成为了 STEAM 课程。揭示了科技与艺术兼有着特殊的育人功能。为此，可以通过解读课程标准，将这一功能发掘出来。涉及的学科，可以有数学、物理、化学、生命科学、地理（自然部分）、劳动技术、信息科技等。其组合类别，参考如下。

例如，"美育＋语文"的课程方案：

图 10-1　"美育"+"语文"课程方案

又如，"美育＋数学"的课程方案：

图 10-2　"美育"+"数学"课程方案

　　拓展型课程是上海中小学课程结构中的一员,其主要功能是适应学生不同发展的需要,而作出的课程响应。拓展的核心意涵应是横向的,所以即使是学科拓展,也是单元模块层面上的增加,而非是程度的加深。学校美育特色课程建设对拓展课程群的基本定位主要也是横向要求。重点在于建立跨学科联系的拓展,主轴是"审美教育"。

　　经过近几年的实践探索,学校在美育特色拓展课程的建设方面,已经积累了一批深受学生欢迎、在区域层面有影响力的美育精品课程。

　　其中"美从何处寻"校本跨学科美育拓展课程,蕴涵自然、社会、艺术、人格美的精华。目前学校已经开设的 16 门拓展课程,有艺术课程的拓展如"中国画"和"中西方美术史对比"等,有学科教学的拓展如"国学之美",有跨学科的拓展如"诗画同源"、戏剧等。都为学生提供了促进其人格发展、潜能开发、身心发展、艺术审美方面的学习经历。

表 10 - 2　美育拓展实践课程表

课程名称	任课教师	开设年级	总课时数	课程性质
美术写生	叶见鹏	高一高二		
摄影	朱平	高一		
书法	梅龙华	高一高二		
油画	吴建清	高二高三		
中国花鸟画	宋海军	高一		
中国水彩画	陆瑶	高一		
中国山水画	苏焱	高二		
中西方美术史对比	俞丰	高二		
戏剧	李寅莺	高二		
戏曲	李寅莺	高一		
古典诗歌赏析	黄长德	高一高二		
诗画同源	黄彬	高二		
国学之美	曹琼	高二		
经典诵读	李勇	高一		
走近民国大师	朱晓圆	高二		
美从何处寻	曹琼	高一		

（三）美育学科渗透发展的实践环节

1."艺术—欣赏"学科美育渗透

在中学教育体系中,尤其是美术、音乐、文学(语文学科的重要部分)等课程里,艺术欣赏是它们重要和主要的活动内容与活动方式,就此我们建立了"艺术—欣赏"立美模式。

其流程图如图 10-3:

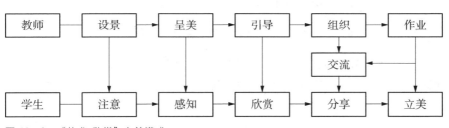

图 10-3 "艺术-欣赏"立美模式

由上图可知:这一模式主要有五个环节。

教师方面:

第一环节为"设景",即创设审美情景。

第二环节为"呈美",即呈现艺术作品。这两个环节有时可以合并为一,因为审美化的"呈美"本身就营造了美妙的审美环境。

第三环节为"引导",即点拨引导学生艺术欣赏。

第四环节为"组织",即组织学生交流审美感受。

第五环节为"作业",即给学生布置相应的作业,用以巩固和提高。

第四、第五两个环节有时可以只出现其中一个。

另外,有时作业仅指交流的内容,如读后感或撰写研究类的文章等。

学生方面：

第一环节为"注意"，即审美注意，这是起始阶段。

第二环节为"感知"，即对作品进入审美感知，以获得初步的印象。

第三环节为"欣赏"，即对作品进入欣赏体验阶段。

第四环节为"分享"，即分享同学包括老师的审美感受，以获得作品更多的审美价值等。

第五环节为"立美"，它包括模仿美和创造美。

2."现象—规律"学科美育渗透

从某一种自然现象、科学现象或社会现象出发，运用探究的方式，总结其隐藏的规律，这是许多理科教学常常会采用的教学流程，用审美的视角、审美的精神来重新审视这一过程，我们便构建了"现象—规律"立美模式。显然，它还适用于一些文科教学。

从人与客观世界的关系来说，存在着科学的、实用的、审美的诸多关系，因而，对于同一现象我们可以用不同的眼光来审视。在立美教育中，从日常的实用的视角移向科学的认知视角，进而转向超然的审美视角，正是此种审美化的教学模式得以实现的重要基础。

其流程图如图 10-4：

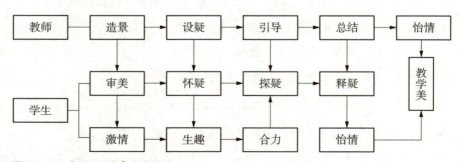

图 10-4 "现象-规律"立美模式

由图 10-4 可知：这一模式有教师和学生两个主体、三条线索构成。

第一条线索为教师的导学过程，其主要环节有四个：

造景，就是通过审美化的手段呈现某一现象，并把学生引向审美。

设疑，就是从这一现象出发，提出问题，以引起学生的探究欲望。这一步，又由审美视角转向科学视角。

引导，就是引导学生探究所提出的问题。

总结，就是在教师、学生共同努力下，总结归纳出这一现象所体现的本质规律。

第二、第三两条线索由学生展开。第二条线索中的"怀疑"是"怀想问题"的意思，其他环节不再赘述，所以只对第三条线索简略说明如下：

激情，就是由学生的审美活动而激发出愉悦之情，并生出求知的极大热情。

生趣，就是由教师提出的问题所激发的探究兴趣。

合力，就是由前面两个环节共同形成探究问题的动力。

怡情，就是指在教师的引导下，经过一番努力后，得到了问题的解答，获得了新知，感受到了成功的喜悦，并获得情意的提高和升华。

这一模式还可引申为"问题探究"立美模式，即把第一环节的所造之景变为某种问题情景。可以说，问题情景本身常常也是一种审美情景。

3. 学科美育渗透的案例分析

（1）区公开课"长安一景"

秦丽老师的区公开课"长安一景"，从图文印证艺术的华美到艺术作品的史料价值，到学生的创作。由老师带领学生从历史中去感受美，到学生用美学的知识和技能去再现历史。可见，历史与美育互为依存，相得益彰。

图 10-5　高一历史课"长安一景"

在美育学科渗透中,我们充分利用午间休息时间。开展了"午间休闲美育"活动,多层次、多渠道、立体化地传承和弘扬了中华优秀传统文化,凸显了"敬贤、尚美、乐学、笃行"的育人目标,适合了香山学子的成长特点,满足了学生的发展需求,提升了香山中学师生的审美素养。

（2）午间休闲美育的内容

① 美术馆课程：东方艺术、颜色系列、线条形状、当代艺术、西方大师、世界艺术之旅。

② 博物馆课程：中国建筑构造、中国传统民居、中国建筑名胜、西方建筑、历史名人、传统节日、其他节日。

③ 科技馆课程：自然系列、植物系列、气象系列、交通工具、四季系列、生活常识、四大发明、动物系列、宇宙系列、人体系列。

④ 师生推荐课程：由各部门、各年级组、教师个人等推荐。

（二）午间休闲美育课程的实施

1. 每天中午 12：00—12：30　各班教室播放

2. 每天 8：00—16：00　二楼大厅滚动播放

第三节　美育技术蜕变驱动育人张力

美术教育现代化是现代化教育的重要组成部分，它对开发学生潜能、培养学生现代化素质有着不可估量的作用。高新技术的层出不穷，冲击着传统艺术的载体，对美术教育提出了更高的要求。美术教育承担着培养"技能性、丰富性、多样性、综合性"人才的责任。

（一）数字化速写课程

在"香山美育教学研究中心"的引领下，学校借助"瞿剑宛名师基地"的力量，率先开发出了蕴含时代性、人文性、思想性、技艺性、趣味性与教育性为一体的数字化速写课程。

数字化速写课程有"八点"教学指向：以信息技术为抓点，以传统速写技艺为起点，以数字化速写翻转课堂为特点，以速写学生生活为焦点，以培养学生美好生活情怀为基点，以记录评价学生速写心迹为亮点，以速写微视频编辑的综合性能力培养为重点，以跨时空的视频学业交流为热点。追求在作品中融合精湛的技艺与深厚的人文情怀。数字化速写课程，更以信息技术为载体，加强美术与生活、文化、社会、科学的跨界综合。学生边画边录"速写心迹"，记录自己的灵感来源、速写过程、心情体悟。同时注重"速写心迹"视频的后期编辑，如配乐、解说、设计片头……并以微视频学业形式与他人交流。学生也可通过对自己速写视频的反复观看，逐渐发现问题，分析问题存在的原因，寻找解决问题的对策,扩大学业评价的交流时空与学习的成就感;同时,学生的速写内容紧扣现实社会生活,传递着时代精神。在与时代同步的速写活动中,美好的心灵得以塑造。目前,编辑完成的《数字化美术速写课程》视频有 65 节,学生学习心迹评价视频档案 53 个。建党 99 周年、建国 70 周年、建校 25 周年及"四史"教育、"五育"等主题视频 60 节左右。现已将其汇编成册《上海市香山中学数字化速写作品(学生绘画)》《上海市香山中学数字化速写作品(教师慕课)》。

数字化速写课程开发与实施的主要创新点在于:注重生活化速写内容的选择;注重人文性速写内容的提升;注重信息化速写功能的发挥,优化了学业评价方式,强化了学生自主评价,把过程性评价融入了美术教学全过程,增强了学生的综合能力,拓展了学习的交流时空。

其次,在"香山美育教学研究中心"的统整下,结合此次疫情期间的线上教学,运用虚拟现实技术 VR,开设了香山艺苑云展馆,让一些因空间、时间、位置等因素限制的观众有机会线上浏览展馆。

香山艺苑云展馆以 VR 全景视频技术,实现了观众与艺术的"零距离"接触,跳脱出了空间的局限,呈现出"时空"的叠加。在深度融合的 VR 和艺术中,师生们饱蘸生活的激情,一次次细心观察、一回回虔诚领悟,完成的笔尖触摸心灵的图腾;将伸向蓝天白云、旷野小溪、历史瞬间、人生百态的独特视角,定格于碳条画板上。香山艺苑云展馆预设四期,预设师生各类作品 700 件。已经上线的第一、二期分别是"毕业班学生的作品、抗疫作品、教师作品、江汉大学"四大板块,第一期辑录了师生 160 件作品,第二期辑录了师生 183 件作品。接下来的三、四期四大板块即将上线。在满足学生毕业作品展需求的同时,形成了可以更换主题内容的展览载体。它将成为香山中学永不落幕的美术展馆。促成了师生的优秀作品的社会转化,扩大了成果的辐射影响。

近年来,香山中学以"以美立校,立美育人"的办学理念为学生的成长创造了一个开放、多元、更具包容性的环境,使学生的主体性与独特性得到了彰显和弘扬。云美术展馆的开馆力图从学校传承与发展、课程改革与创新、教师引领和浸润、学生欣赏和创造等诸多关系中寻找联结点,通过现代信息技术的运用,以沉浸式互动体验引领师生理解并喜好国宝绘画的细腻、丰富、及悠远,真正将传统文化熏陶和审美情趣培养结合了起来。

(二)创新实验室和创新实验课程

创新实验课程是培养学生实践创新能力的重要载体。学校结合美育特色,完善学习环境,提升学生创新能力。开辟出的新的创新试验室和创新实验课程,进一步充实了创新试验室的内涵,提升了选修课程的品质。

"教育即生活",创新实验室课程更是源于生活、归于生活的教育方式。重视引导学生跳出书本、走近生活、积极创想、反复实践。突出训练"发现问题、分析问题、解决问题"的思维模式,组织学生展开头脑风暴、创意碰撞,让学生在观察、研究、协作、分享、优化中形成创新能力。突出"沟通优化、行动生成"的实践准则,倡导以交流沟通贯彻始终,遵循新建构主义教育理念,将实践探究与合作学习相结合。将学生更深地引入到发现问题、解决问题的思考中,形成真正有深度的学习。课程实施过程中有意识地加强跨学科、跨领域的整合,将科技、艺术、人文、自然、社会和自我等各方面内容,以及学科知识、学习体验有机地融合起来,逐步开发出更具"创新实验室"特点的课程,帮助学生走出课堂、走向社会、最终实现全面发展。

首先,在快速打印实物功能的支持下,开设了新的试验拓展课程。学生通过主动参与创新设计、全面细致地分析打印任务,充分发挥想象力和创造力,最终打印出个性化的艺术作品。既加强了创意思维的培养,又关注了实践性、探究性和创新性,推进了美育教育。刚刚介绍的速写课程也是创新实验课程的重要组成部分。

其次，为创新实验课程的实施创造了新的环境，借助职业技术学校的教学资源、成熟的教学模式和师资资源，满足不同学生的发展需要，为学生多元化发展搭建成长平台，实现组班学生在普通教育、专业教育、技能特色等方面的全面进步。

最后，分享成果，推进创新实验课程实施。

创新实验课程的共同特质在于创新、实践与分享。没有分享，就没有人类社会的整体进步。作为人类社会的一分子，分享和传播知识是每个人应尽的义务，将分享作为乐趣则是一种良好的品格和习惯。创新实验课程鼓励创新各种分享模式，分享的方式有多种，比如：组内分享、班内分享、校内分享、社区分享等；可以通过微信、QQ、网站等各种社交平台发布创客成果；也可以举办各级各类文化节分享展示成果。

创新实验课程评价采用多元化评价体系，坚持过程性评价和终结性评价相结合、自我评价与他人评价相结合。过程性评价指标包括学习态度、创新意识、动手能力以及练习情况。终结性评价指标包括对学生的知识掌握、操作技能、综合能力等。

以"3D打印智能家具"课程评价为例，学生最终评价＝过程性评价×60％＋终结性评价×40％。过程性评价包含以下几个维度：笔记本是否合格、笔记记录情况、创意表完成情况、发明创造实物情况、课堂上参与情况、上课发言情况、纪律情况、小组合作情况。过程性评价主要由各组长和课代表完成。终结性评价主要取决于学生作品的完成情况。评价即育人。在创新实验课程实施过程中，凭借多元化的评价机制，促进学生核心素养的发展，在奔向未来的道路上，有助于孩子的个性发展与创新培养。

| 第十一章 |
美育成果传播美的感染力

香山中学特别注重扎根校内，多方位地推进艺术交流场域的融合，跨学科与美育结合相渗透的落地工作，积极开展以美育为主的艺术交流活动，"美与爱"系列活动、"美之足迹"系列活动……为教师、学生提供了全方位的展示平台，将美育深深根植于每一位校内成员的心里。学校牵头成立了上海市跨区县的美术教学联盟，借此搭建美育课堂教学交流和教学技能培训平台，加强了经验交流与培训，切实提高了学校美育师资水平。

第一节　艺术交流突破文化场域

　　学校为了进一步提高影响辐射能力,特别注重扎根校内,多方位地推进艺术交流场域的融合,跨学科与美育结合相渗透的落地工作,积极开展以美育为主的艺术交流活动,"美与爱"系列活动、"美之足迹"系列活动……为教师、学生提供全方位的展示平台,将美育深深根植于每一位校内成员的心里。

　　学校通过开展多样化的创新实践活动来提高教师、学生的创新能力。举办有丰富多样的艺术活动,例如创意设计、创意制作、科学小论文、现场制作大赛等,也可以进行学生研究性学习成果的展示与答辩、科普剧汇演等。教师在活动中培养学生的创新能力与动手实践能力,同时教师亦借助设计学生活动方案而展开学习、研究;美育成果展示中心以改建后的香山艺苑为主体,不仅扩大了使用面积,而且在功能上也有了升级的现代化配置,新辟的"香山 VR 云展馆"一角,配置了 10 套 VR 头盔加电脑。突破了传统的二维平面视觉,实现了与三维展览空间的有机结合,力求让观众在虚拟美术馆中,获得如线下实体空间里一样真实的观展体验感、沉浸感与交互感。线上云展馆预设师生各类作品 700 件。第一期辑录了师生 160 件作品，第二期辑录了师生 183 件作品。接下来的三、四期四大板块即将上线。在满足学生毕业作品展需求的同时，形成了可以更换主题内容的展览载体。也可将师生的优秀作品进行社会转化，造成对外辐射影响。

跨学科与美育的结合渗透。英语组与音乐组联合组织聆听"英"乐之美——英语歌曲大赛，预赛报名 42 个曲目，参与人数 96 人，最终 12 个曲目入选，参赛人数 26 人；音乐组、历史组和地理组联合举办"丝绸之路中的艺术"学生作品展，共收到学生作品 12 幅，参与活动人数 30 人次；语文组举办"爱我中华书法作品展"，一共收到作品 120 件，15 件优秀书法作品在三楼橱窗展示；数学组举办"函数图形美"学生作品评选，一共收入作品 20 件，9 件作品在三楼橱窗展示；历史组、美术组举办"历史漫画小报"展示，收到作品 40 件，最终 12 幅作品发表在《跨学科融合课程成果集》；物理组举办"格物致美"最美物理作业展，共有 12 件作品在一楼大厅展示；生物组举办"最美植物标本"展，30 位同学参与标本收集制作，最终 8 幅作品在四楼橱窗展出。语文组出版《至德五常实践成果集》、历史组出版《跨学科融合课程成果集》、特色教师个人书籍出版—黄长德老师《题画诗》100 首编纂完成；语文组王蕴老师也正在准备自己的书稿，并拟好书名《樽酒启美》，分为"诗集—勿忘草"和"文集—伊水斯人"两部分，顾霁昀校长品读书稿，对王蕴老师的文学功底大为赞叹，有感而发为之作序，学生们也争相为王老师的书稿创作配插画。学校为黄长德老师和王蕴老师的创作书稿申请了书号，两本书预计在 2020 年底正式出版。

"美之足迹"系列活动。组织学生参观爱国主义教育基地淞沪抗战纪念馆，传承红色基因——组织高二年级、初一年级、初二年级学生观看影视革命剧《红星照耀中国》；组织高一年级学生代表和特色教师参加"汇海派之美　融艺术之新一参观刘海粟美术馆"活动；同时学校将跨地区的学生研学旅行作为"美之足迹"系列活动的重要抓手，2019 年分别组织了多次国内、国际的学生交流、访问、考察活动。以中国杭州、日本九州、意大利弗洛罗萨等城市为研学目的地，分别开展了高一年级"寻美杭州，感悟美院"、高二年级的"日本九州自然、人文体验之旅"、高三年级的"欧洲文艺复兴探索之旅"等研学旅行活动，参与师生达 300 多人次。研学旅行活动提升了师生的审美素养，开拓了师生的审美眼界，丰富了师生的人生阅历，加强了香山中学与国内、国际同类院校的合作与交流，取得了良好的效果。

完善艺术交流展示平台。改版香山中学微信公众号，对"美无止境，春风化雨""名师进校园，助力香山特色发展""青春心向党，建功新时代""守护生命之树"等报道版面进行了重新设计和美化，东方网教育频道一直关注香山中学的特色发展，2019 年 3 月至 2020 年 9 月间，总计报道香山中学美育特色相关工作 46 条，扩大了香山中学影响力辐射力。

在"以美立校，立美育人"理念的引领下，学校在各级各类建设项目中，取得了突出成绩（如表 11－1）。在"2018 全国最美中学生"评选中，香山中学庄一弛同学不畏强手挑战，以网络 6 347 票第三名获得超高人气，凭借着肩负起传承中华优秀传统文化的精神、健康向上的气质、独具特色的本土曲艺表演以及出色的绘画技艺，在评审中脱颖而出，成功入围全市的评选；学生在各级各类美术、书画、征文、艺术绘画、朗诵、图文创作、合唱、课本剧、影视、体育等各方面赢得了 160 余个奖项，可谓硕果累累。

表 11-1　香山中学美育特色建设重大成果一览

序号	名　　称
1	美育教学研究示范基地（中国人民大学书报资料中心基础教育期刊社授铜牌）
2	《中国美术教育》数字美术教育研究中心实验基地
3	上海市文明单位
4	全国特色学校
5	上海市艺术教育特色学校
6	上海市书法教育实验校
7	浦东新区未成年人思想道德建设示范校
8	浦东新区中小学生行为规范示范校
9	中国教育学会科创教育联盟实践基地
10	上海博物馆——文博教育基地
11	浦东新区一级党支部
12	浦东新区红旗团组织
13	上海市花园单位
14	复旦大学心理研究中心、心理教育实验基地
15	华东师范大学美术教育实验基地
16	上海师范大学体育教学实验基地
17	长三角美术教学交流中心
18	上海视觉艺术学院教学实践基地
19	澳门城市大学人文社会科学学院设计艺术系上海市香山中学生源基地
20	浦东新区美术家协会中国书画教学基地
21	浦东新区体育设施开放学校
22	上海师范大学应用心理专业实习基地
23	签约上海应用技术大学计算机学院科创工作
24	在安徽查济创建上海市香山中学美术教学写生基地
25	签约"中国美院"为香山中学美育实践基地
26	江汉大学授予上海市香山中学"优质生源基地"铜牌
27	中国国际艺术节"慧画无限"学生公共美术活动第一批成员单位
28	2019 年中日友好青少年绘画比赛优秀组织奖
29	上海市基础教育综合改革项目之一"基于区域特色的学校综合课程创造力研究和实践"文创板块项目子课题盟主学校

序号	名　　称
30	聘任法国巴黎 Marie Curie 高中、巴黎第九大学 Dauphine、巴黎 ESSEC 商校教师 RemiLeurion 先生为英国美术艺术特色校交流顾问
31	荣获 2019 年中日友好青少年绘画比赛优秀组织奖,共有 14 位学生作品获奖,作品分别在中国上海及日本福岛展出
32	第四届"园地杯"全国中学生历史漫画大奖赛获优秀组织奖
33	获上海市美术家协会、上海市文联媒体中心主办的"画说人生　行在上海"作品征集活动"优秀组织单位"奖
34	学校沪剧社荣获 2019 年首届上海校园沪剧大赛集体组优秀奖
35	为《一寸光阴一寸金——2020 诗词日历》配画 365 幅作品,中国发展网、今日头条等相继推出报道
36	"宁静致远　风华雅集—刘海粟美术馆'静远雅集'走进校园项目启动仪式"在香山中学举行
37	香山承艺教悦美水乡花——越剧王子赵志刚携赵氏艺教戏曲进校园项目启动
38	2020 年 7 月 3 日　铸魂筑梦——人民教育家于漪教育思想诵写讲展示交流会在上海市香山中学举办
39	玉兰竞放新时代——2019 年上海市校园沪剧大赛,香山中学获集体组提名奖
40	区级重点课题"大美香山——基于美育课程体系的特色学校建设的研究"获浦东新区第九届教育科研成果一等奖
41	浦东新区级重点课题"基于美育体系的特色学校建设的在实践研究"通过中期检查获 A 级
42	获东方网主办的"这场战疫　感谢有你"——长三角青少年艺术风采展示征集活动优秀组织单位

第二节　美育影响辐射上海本地

　　学校积极参加市级、区级层面的各类美育活动及美术专业比赛,凭借阳光的姿态,优异的成果,成为了市区美育特色建设的标杆。

　　学校加强推进"香山美育特色影响力机制"在市级层面的建设进度。组织学生参加上海市"尚法杯"书画大赛,玉兰竞放新时代——2019年上海市校园沪剧大赛,组织学生参加"迎建国70周年、同心共筑中国梦"、2019浦南文化馆、"我与社区图书馆"暑期征文活动:荣获优秀组织奖;王宗芳老师、陶欣怡老师分获个人优秀组织奖;初中、高中分别2人荣获二等奖;初中1人荣获三等奖;高中3人荣获三等奖;聚焦"美商"系列——"入古出新"博物馆课程活动中,学生参加"妙手匠心,入古出新"——我眼中的博物馆作品设计创意大赛,并且博物馆作品设计创意大赛评奖及颁奖仪式在香山中学举行,收到参赛作品共计142件,由震旦博物馆专家及香山中学美术老师共同评选出30件入围作品。近几年,香山中学"红叶传媒"社团、香山中学书画工艺社团、社工志愿服务社团在浦东新区中学生社团文化节中均获得"浦东新区中学生五星社团"称号。

2020年9月,在上海市教委教研室的推荐下,东展教育集团及旗下新虹桥中学的领导、美术教师一行8人来访,香山中学副校长齐士臣、校务办主任陈莉娜、美术中心主任叶见鹏、课程处副主任黄国清从不同层面介绍了学校美育办学特色,集团董事长张伟表示希望能与香山中学结对,愿进一步了解具体做法及课程设置。两年来香山中学先后接待了来自上海市第五十二中学、凌桥中学、大团中学等学校的参观和交流,香山中学毫无保留地介绍经验,分享资源,大力推介美育特色的创建过程,受到了各校领导和老师的广泛赞誉。

香山中学美育特色广受各界青睐。2019年12月16日,刘海粟美馆"静远雅集"走进校园活动在上海市香山中学正式启动。刘海粟美术馆是以我国现代杰出画家、中国新美术运动的奠基人之一的刘海粟先生之名命名的美术馆。"静远雅集"是该馆打造的公益性美术公共教育项目,本次刘海粟美术馆与香山中学的合作,是该项目首度走出美术馆,与学校联手。浦东新区教育局副局长陈强,刘海粟美术馆馆长阮竣,浦东新区教育局德育处处长马春馥,上海市美术家协会常务理事沈雪江,上海市美术家协会副秘书长丁设,浦东新区美术家协会主席徐立铨，上海书画院主任沈向然，著名画家金涌，著名画家龙纯立，上海中国画院季平，著名画家"猫王"钟基明等艺术家以及金杨学区兄弟学校领导亲临活动现场。今年恰逢香山中学 25 周年校庆，刘海粟美术馆馆长阮竣为香山中学写来贺信，希望双方今后加强馆校合作，深化互动交流，让高雅的艺术走近师生，期待青年学子中走出艺术大师。

　　2020 年 7 月 3 日，由上海市语言文字工作委员会办公室和上海市教育发展基金会主办的"铸魂筑梦——2020 年人民教育家于漪教育思想诵写讲交流会"，选定在上海市香山中学举行。为广泛宣传人民教育家于漪老师的教育思想和师德风范，积极营造向于漪老师学习的良好氛围，香山中学紧密围绕"树民族之魂，立文化之根"这一核心理念，依托校内系列活动，以点带面，形成了联盟学习共同体的辐射效应。组织教师在分类学习中认识于漪教育思想；在研修活动中理解于漪教育思想；在课程建设中探索于漪教育思想。在于漪老师教育思想的引领下走出一条学习于漪教育思想，践行于漪教育理念的特色发展之路。此次交流会全程进行网络直播，受到众多媒体关注，《解放日报》上观 APP，《浦东时报》《东方教育时报》、上海财经频道、上海电台、第一教育、央广望、《文汇报》、上海市教委新闻办、浦东观察、浦东德育、浦东教育电视台等纷纷进行了报道。香山中学结合上海市教委课题"基于区域特色的学校综合课程创造力研究和实践"项目的推进，邀请书法家、教师、学生，从《于漪全集》中精选于漪教育格言进行书法创作，征集到来自课题组文创课程板块项目联盟学校师生优秀的书法作品 180 余件。10 月 10 日香山中学举办"铸魂筑梦——于漪教育思想摘抄师生书法作品展"，以弘扬于漪教育思想，落实"立德树人"根本任务，让师生在学习于漪思想精神的过程中，感受汉字的魅力和中华书法艺术之美，吸引了 13 所联盟校和金杨学区各兄弟学校师生前来参观，受到了广泛的好评。

　　学校加强推进"香山美育特色影响力机制"区级层面建设。以"中小幼美育相互衔接"为主题,展开研究合作与活动探索。六师二附小、香山小学、万德三所小学师生及学生家长近 320 人参加了香山中学"美育体验日"活动;建平西校、建平实验、进才北校、进才实验、高桥东陆、华夏西校、浦兴中学、实验东校、罗山中学、致远中学、浦东模范中学 11 所初中师生、学生家长近 350 人参加香山中学"美育体验日"活动;香山中学积极参与建平西校、进才实验、华夏西校、实验东校、凌桥中学等 5 所初中美术社团建设;选派学校优秀美术教师公益指导各校美术社团开展活动;上海市凌桥中学校长卫东浩带领 13 位行政领导及教师参观交流香中,学习美育特色课程建设及艺术特长生培养工作的经验;高中近 30 名师生参加了浦东新区辅读学校小海贝融合活动——开展"守护生命之树"创意画教学活动"手拉手共享爱";杨园中学、顾路中学、高行中学、高东中学、凌桥中学、育民中学、龚路中学、合庆中学、王港中学、蔡路中学、金川中学、长岛中学、沪新中学、浦兴中学、东沟中学、陆行南校、金杨中学等 19 所学校教导主任参加了"香山中学美育特色成果展"。

香山中学作为上海市教委"基于区域特色的学校综合课程创造力研究和实践"课题组浦东新区教育局子课题项目"文创"板块的盟主学校,带领 13 所联盟学校(上海市陆行中学、上海市三林中学、上海市澧溪中学、上海市康城学校、上海市唐镇中学、上海市上南中学南校、上海戏剧学院附属新世界实验小学、上海市洋泾菊园实验学校、上海市浦明师范附属小学、上海市浦东新区金桥中心小学、上海市浦东新区香山小学、上海市浦东新区江镇中心小学、上海市周浦育才学校)承担起了子课题文创板块课程项目的研究。2020 年 6 月 15 日下午,所有联盟学校校长聚集在香山中学召开工作会议。顾霁昀校长介绍了本课题的主要任务:一是区域特色,围绕着"大浦东特色""小区块特色""各学校特色"进行研讨;二是创造力,提出创造力"从哪儿来?"和"如何来的?"这两个思考;三是综合课程,以"智慧·融通·生命"为理念,探究学科知识,获取生活经历,感悟人生道理，以"学·行·美"为育人目标，通过学科渗透类、主题活动类、生命感悟类多维度开发联盟通识课程、学段交流课程和各校特色课程。6月29日下午，项目学校的科研联络员和活动联络员又在香山中学参加工作会议，对如何开展课题研究、如何开展学校活动、如何为呈现课题研究成果积累素材进行了针对性的培训，旨在带动各学校组织不同形式的特色活动实践，更深入地开展课题研究，为更广范围学校师生提供更多的机会和更为宽阔的展示舞台。

2019年，正值新中国成立70周年，香山中学策划发起了浦东新区第四届"香山杯"中小幼书画比赛，创作内容以庆祝新中国成立70周年，"畅想建国100周年"为主题，预见、遇见30年后美好的祖国、和谐的社会、奋斗的自己。受到浦东新区各幼儿园、小学、初中、高中的大力支持，共收到来自全区中、小、幼146所学校的964幅作品。2019年10月，浦东新区文明办组织专家，在新场展馆评审，并将获奖作品布展，主题为"扣好人生第一粒扣子——浦东新区第四届文化根、民族魂、中国梦'香山杯'学生书画作品展"，并印制作品集。12月画展移至香山中学香山艺苑，为周边师生提供欣赏作品创造机会。

学校的教育教学质量稳步提升，其中录取的院校包括中央美院、中国美院、复旦、交大、同济、华东师大等国内一流名校。

问卷发现，学生的审美素质有了明显的提高。拓展了学生的审美知识，提升了学生的审美能力，发展了学生的审美情感，提高了其审美创造力。学校涌现出一大批有艺术特长的学生。

首先，以美促德，提高了学生的道德水平。美是心灵的体操，它使学生的精神正直、心地纯洁、信念端正。学生在对美的追求中，也蕴涵着对善的积淀，对心灵的净化。学校有目的、有计划地开展德育立美活动，从理想美育、人格美育、行为美育等方面培养学生的美德，将以美感人、以情动人、寓教于乐的美育方法使德育的抽象理论，化为生动具体的感性形象，使道德的理性说教，转化为

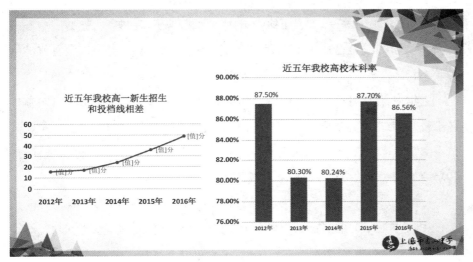

图 11-1 近五年高一新生录取和高三学生高校录取情况

情感的感染,使强制性的他律成为自由的自律,有效地加强了德育的功能,促进了学生道德水平的提高,健全了学生的人格。

其次,以美启智,提高了学生的认知水平。学生认识客观世界、获得文化知识,不仅依赖于学科的智性,还需要审美的形象情感性。教师用心用情打造五美课堂,营造出了情境交融的教育氛围,以井然有序的教育节奏,以精当的教学设计吸引着成长中的香山学生,唤起了学生求真的渴望,调动了学生的学习主动性,培养了学生的自主能力,使其以愉悦的心态、理智的情感去获取学科知识。

最后,以美健体,促进了学生的身心健康。组织立美活动,对促进学生的身心健康具有着积极作用。因为立美活动使人心情舒畅、心律舒缓,能消除各种有害健康的心理因素,增强了体质和体魄,提高了健康水平。无论是艺术课程,还是学科渗透，抑或是活动课程，由于学校倡导课程教学的"审美化"组织，学生把学习当作了一种享受，增强了愉悦感，降低了压抑感，促进了大脑兴奋中心的转换，减缓了学业疲劳的积累，使身体得到了放松和休息，于是就有了良好的精神状态。

近年来，伴随社会美育效应的逐年扩大，学校先后荣获上海市艺术教育特色学校、上海市花园单位、上海市安全文明校园、浦东新区文明单位、浦东新区语言文字示范学校、长三角美术教学交流中心、上海市文明单位等荣誉称号。2015年、2016年教育行政部门对学校的年度考核均为"优秀"。

《文汇报》《新民晚报》《上海教育》《新闻晨报》《浦东新区周报》，上海电视台、东方电视台、浦东电视台、浦东电台、浦东广播电台等媒体，从不同角度对香山中学美育特色教育和所取得成果进行了专题报道。

来自美国、英国、俄罗斯、日本、新加坡等国的多个教育代表团先后访问香山中学。学校连续三届参加日本大阪府友好城市高中生画展，同时选派老师与学生亲临日本画展现场。香山中学与澳大利亚 DULWICH 视觉艺术高中，英国爱得华六世高级中学建立了友好关系，实现了双方学校领导层的互访。

2015年，学校牵头成立了上海市跨区县的美术教学联盟，目前参与的有5所美术特色学校，借此搭建美育课堂教学交流和教学技能培训平台，切实提高学校美育师资水平。

第三节　美育建设成果同行分享

全面推进香山美育特色影响力机制建设，加强与国内各级各类高中学校展开特色办学交流，积极分享特色办学的研究成果。香山中学与四川成都天府新区骨干教师代表团交流美育融合学科及德育工作；香山中学选派行政干部专程前往山西柳林县鑫飞高级中学，召开班主任、教研组长以及教师代表三个层面近50人的座谈会，了解鑫飞高级中学在艺体特色建设发展过程中遇到的教育、教学以及师资等方面一系列的问题，为了进一步梳理存在的问题，分别与分管德育、教学的学校主要行政干部进行了一对一的访谈会，梳理出了教育、教学管理的问题与症结，指导学校完善鑫飞高级中学艺体特色发展三年实施方案。同时鑫飞中学教师代表团来香山中学学习挂岗，就美育融合德育的育人模式、美术特色课程建设、社团建设、学生评价等工作进行交流学习；香山中学组织接待了江苏省宜兴市教育局副局长、普教科科长、教师发展中心副主任及官林中学校领导的来访，齐士臣副校长作了"美育"特色情况介绍；云南大理祥云县教育局副局长、祥云县一中领导、祥云县四中校领导参访，顾霁昀校长作题为《坚守立美育人，践行特色发展》的学校特色介绍；山西省汇丰中学校长薛应平和山西省联盛中学校长张凤山到校参观了画室和香山艺苑，与美术中心老师共商研讨，学习美育特色创建经验。

2019年7月，香山中学副校长李擎昊开启了三年援藏工作，赴西藏日喀则江孜县任教育局担任副局长兼闵行中学校长。8月，香山中学顾霁昀校长赴江孜考察，为全县教师作了主题为《做新时代的好教师》的报告，获得了当地教育局和教师的高度评价。顾校长到访江孜闵行中学，向大家介绍了香山中学基于美育特色的课程开发、德育活动、校园文化等办学经验。两所学校达成了合作意向，签署了友好合作协议书。2020年8月香山中学美育中心主任叶见鹏、校务办主任陈莉娜再赴西藏江孜讲学。为使活动和培训内容更接地气，两位老师积极沟通县、局领导及教研员，深入了解江孜教育的基本情况、基层教师对专业发展的愿望与迫切期望。叶见鹏老师对中小学美术教师作了一堂《浅谈兴趣在美术教学中的重要性》的讲座。陈莉娜老师紧扣"不忘初心，向美而行"这个主题，讲述了教师应守初心，砥砺前行的高尚道德情操与精神境界。参观江孜闵行中学之余,受到了江孜闵行中学党总支书记李国珍、办公室主任索次的热情接待。随后,两位老师向闵行中学赠送了香山中学王蕴老师题词、美术教师书写的作品《同气连枝香闵秀》,传递了香中老师们愿为"浦江"教育的交融互通,为江孜教育蒸蒸日上不断地贡献力量的良好祝愿。此举拓展了香山中学的办学空间,提升了其教育内涵,更把香山美育的芬芳播散到带雪域上的江孜。江孜县教育局和闵行中学官方微信就此作了专门报道。此外,香山中学和江孜闵行中学还开展了丰富多样的学生活动,如2019年9月18日中午,上海市香山中学阶梯教室中,300多名师生聚集一堂,挥舞国旗,与西藏江孜闵行中学共唱《我和我的祖国》,喜迎中华人民共和国成立70周年。在江孜闵行中学的操场上、江孜宗山革命英雄纪念碑前,1 500名身着校服或民族服饰的西藏师生随着音乐举起"中华民族一家亲,同心共筑中国梦"的横幅,与香山中学师生共同唱响《我和我的祖国》,鲜艳的国旗齐齐挥舞,悠扬的歌声回荡在雪域蓝天。上海东方财经频道、浦东电视台、《浦东时报》多家媒体作了跟进报道。

香山中学美术教学美育教育也是成果喜人,2019年香山中学美术老师组织学生参加了由上海市美术家协会、上海市文联媒体中心主办的"画说人生,行在上海"作品征集活动,获"优秀组织单位"奖,宋海军老师获"优秀辅导老师"奖;2020年4月8日"召唤——上海市抗击新冠肺炎疫情美术、摄影主题展"在中华艺术宫开幕,香山中学青年美术教师叶秋杨老师的作品《逆行》(油画)获选参展;优秀美术教师宋海军老师作品《彩虹》在中国国家画院美术馆展出,受到美术界专业人士的关注与赞许。

2020年初,一场始料未及的新冠肺炎疫情突袭神州大地,更是肆虐着江汉两岸。疫情期间,上海市香山中学与武汉江汉大学两校师生彼此牵挂,守望相助,以"独"克毒,以"静"致敬。用自己的专业能力和独特的表达方式加入战"疫"阵营,创作了大量的抗疫艺术作品。2020年7月3日,"共饮一江水　同绘两园春"两校师生抗疫艺术作品联展开幕式在香山中学香山艺苑如期举行。江汉大学、香山中学两校领导为画展揭幕,江汉大学美术学院老师为大家解读浪漫主义作品《勇士》(油画代悦旻),香山中学美术老师叶秋杨与大家分享了作品《逆行者》的创作历程。美术高级教师宋海军老师为大家解读他的作品《赞》,并带领师生参观画展。此次联展的百余幅艺术作品均来自两校师生的原创,涉及国画、书法、油画、版画、水粉、水彩、插画、动漫、摄影等多种形式,反映了两校师生极高的创作水准,是一次艺术专业才华的展现,更是师生们家国情怀的表达。这些艺术作品在特定的时期,发挥了振奋人心、鼓舞斗志、增强信念、抚慰心灵的作用,其意义是大有可观的。这次联展中,师生们以各种艺术形式表现、传播武汉和上海,乃至全国战斗在抗疫一线的英雄们可歌可泣的事迹,讴歌后方普通人的坚守与付出。加深了两校的交流合作,增进了两校间的友谊,发挥了艺术资源回馈社会的作用,履行了艺术教育工作者及艺术专业学子的时代使命。

香山艺术,艺术香山。这是社会对香山中学特色教育的认同和基本定义。从香山中学的艺术教育特色、学校的升学率、学生的高考升学方面而言,是深受社会、家长、学生欢迎的。

艺术香山,香山艺术。这良好的口碑正说明:香山中学是一所"以学生发展为本",尊重学生个体差异,注重培养学生个性特长,拓展学生升学出路,长期致力于为美术高等院校输送合格人才的艺术特色学校。

附：各章章名页图画作者与作品名

第一章　　　徐　孜《美哉香山》

第二章　　　周怡凝《中国梦》

第三章　　　胡懿雅《猴子森林》

第四章　　　台博琳《寂静》

第五章　　　赵俊程《蓝调》

第六章　　　朱可盈《友谊》

第七章　　　王张阳《城市曙光》

第八章　　　瞿钰桐《魔都》

第九章　　　顾颖权《文化苦旅》

第十章　　　徐郑君《金色梦乡》

第十一章　　张　扬《我的世界》